신앙과 인권

그리스도교와 인간 존엄성을 위한 지구적 운동

신앙과 인권

그리스도교와 인간 존엄성을 위한 지구적 운동

리차드 에임즈베리 · 조지 뉴랜즈 지음

곽호철 옮김

대한기독교서회

신앙과 인권
그리스도교와 인간 존엄성을 위한 지구적 운동

2014년 9월 30일 초판 1쇄

지은이 / 리차드 에임즈베리·조지 뉴랜즈
옮긴이 / 곽호철
펴낸이 / 서진한
펴낸곳 / 대한기독교서회
편집책임 / 하미자

등록 / 1967년 8월 26일 제1967-000002호
주소 / 135-882 서울시 강남구 테헤란로 103길 14(삼성동)
전화 / 편집 553-0873~4, 영업 553-3343
팩스 / 편집 3453-1639, 영업 555-7721
e-mail / cls1890@chol.com
　　　　edit1890@chol.com
http://www.clsk.org
facebook.com/clskbooks

직영서점 / 기독교서회
종로 5가 기독교회관 1층, 전화 744-6733, 팩스 745-8064

값 / 8,800원　책번호 / 2142
ISBN 978-89-511-1778-7 93230

Faith and Human Rights
-Christianity and the Global Struggle for Human Dignity
by Richard Amesbury and George M. Newlands
tr. by Kwak, Hochul
Copyright ⓒ2008 Fortress Press, an imprint of Augsburg Fortress

Korean translation copyright
ⓒ2014 by The Christian Literature Society of Korea, Seoul
Printed in Korea

이 책의 한국어판 저작권은 알맹2(rMaeng2)를 통한
Fortress Press와의 독점 계약으로
대한기독교서회에 있습니다.
저작권법에 따라 한국 안에서 보호를 받는 저작물이므로
무단 전재와 무단 복제를 금합니다.

저자 서문

나는 몇 년 전 한국 여행 중에, 서울의 복잡한 거리에서 시위 행진을 하는 노동자들을 보았다. 그들은 가끔씩 멈춰 서서 비폭력적이었지만 그들을 막고 서 있던 경찰들 앞에서 허리를 굽히고 담배꽁초를 주웠다. 그들 중 몇몇은 그리스도인들이었고, 몇몇은 불교도들이었지만, 노동자들이 일하는 건설 현장에서 좀 더 안전한 노동환경을 요구하는 일에 함께 연합했다.

오늘의 세계는 부를 가진 사람들과 가지지 못한 사람들, 다시 말해서, 생산 수단을 소유한 사람들과 그들을 위해서 종종 착취를 당하며 일하는 사람들 사이의 양극화가 더 심각해지고 있다. 부와 기회의 분명한 불평등에 반응하는 한 방법은, 많은 그리스도인에게 익숙한 방법인데, 자선의 방법이다. 내게 자선은 다른 사람들을 돕기 위해서 자신의 재산을 사용하는 자발성을 의미한다.

자선은 존경할만하다. 그 이유는 도덕적으로 요청되는 것 이상을 자선을 통해 하기 때문이다. 자선은 기부자의 측면에서 도덕적 자유를 전제한다. 자선은 다른 사람에게서 강요될 수 없다. 기부자는 자신이 옳다고 생각하는 한도에서 자신의 재산을 자유롭게 쓸 수 있다. 자선은 자유롭게 기부되든지 아니면 아예 기부되지 않는다. 도덕 행위자는 자선 기부자이지 자선 수혜자가 아니다.

결과적으로, 자선의 수혜자가 보여야 할 적절한 반응은 감사이다. 왜냐하면 그들에게 주어진 것이 그들에게 필요한 것이라고 해도 자신들이 그것을 받아야만 한다고 당당하게 말할 수 없기 때문이다. 그들이 받은 것은 은혜에 의한 것이지 권리에 의한 것이 아니다. 그들은 기부자의 덕행의 혜택을 받았다.

그러나 자선은 시위에 참여한 서울의 건설 노동자가 원했던 것이 아니다. 그들은 정의를 요청했다. 이 책은 정의에 관해 사고하는 한 방법을 설명한다. 즉 인권의 방법이다. 자선의 수동적인 수혜자로서 그들을 규정하기보다는, 권리-논의를 통해서 그들에게 도덕적 행위자의 자격을 부여한다. 다시 말해서 그들은 자신들이 얻어야 할 정당한 요구를 하고 있다. 철학자 오노러 오닐(Onora O'Neill)은 이렇게 말했다. "그들의 권리가 존중되지 않았다고 불평하는 사람들은 주어진 질서를 겸손한 간청자가 아닌 부당한 취급을 받은 권리 요구자로 접근하는 것이다."[1)]

예를 들어, 사람들이 안전한 근로 조건이나 안전한 식수, 교육, 언론의 자유를 가질 권리를 가졌다고 말하는 것은 이러한 것들이 가장 기본적인 정의로 그들에게 주어져야 할 것임을 의미한다. 자선의 논의가 기부된 것들이 기부자의 권리에 속한다고 보는 반면, 권리의 논의는 주어진 것이 수혜자의 권리에 속한다고 본다. 전자는 기부를 칭송할만한 행위로 보지만, 후자는 주어져야 할 것을 제공하지 않는 실패는 비난받을만한 것이라고 본다. 다른 사람들의 권리를 존중하는 것은 당신이 그들에게 빚진 것을 갚는 것을 의미하지 관대한 것을 의미하지 않는다. 권리를 침해하는 것은 추상적인 원칙을 위반하는 것뿐만 아니라, 한 인간을 침해하는 것이며, 그(녀)가 받아야 할 것을 주지 못하는 것이다.

그러면 어떻게 사람들이 기본적인 인권을 가졌다고 말할 수 있는가? 무엇에 기초해서 사람들은 존중받아야 하는가? 이 책에서, 조지 뉴랜즈와 나는 인권의 신학적 설명을 제시한다. 이 설명은 보편적인 인간 존엄성에 관한 그리스도교적인 이해이지만, 다

---

1) Onora O'Neill, *Faces of Hunger: An Essay on Poverty, Justice and Development*(London: Allen and Unwin, 1986), 105.

른 종교와 도덕적 성찰의 전통에서는 다른 이해를 할 수 있다는 여지를 남겨 놓는다.

조지 뉴랜즈 교수와 나는 이 책을 번역한 곽호철 박사에게 깊은 감사를 전한다. 경제적 약자의 권리에 관한 곽호철 박사의 저술은 정의에 관한 나의 생각에 도전과 자극이 되었다. 번역작업을 통해서 그와 함께 일하면서 이 책을 더 널리 알리게 된 것이 내겐 영광이다.

리차드 에임즈베리
취리히 연구실에서
2014년 6월 27일

차례

- 저자 서문 / 5

서론 / 11

1장 인권과 그리스도교의 증거: 사례 연구 / 25

2장 인권이란 무엇인가? / 48

3장 인권과 그 기초의 문제 / 68

4장 보편적 인권과 종교적 특수성 / 84

5장 그리스도교와 인권: 역사적인 시각 / 112

6장 인권신학을 위하여 / 132

후기 인권운동으로의 초대 / 145

- 역자 후기 / 149
- 찾아보기 / 153

서론

1948년에 유엔은 세계인권선언을 채택했다. 그것은 20세기의 참화로부터 파생된 가장 중요한 도덕 선언서이다. 60년이 지난 지금, 보편인권의 개념은 모든 신앙인이 동의하듯이 중요하긴 하지만 실현하기 어려운 이상으로 남아 있다. 동시에 종교인들은 인권을 심각하게 침해한 사람들이었고 종교가 심각한 인권침해에 관여하고 있으며, 종종 그 침해로 이득을 보고 있다는 점을 유념해야 한다. 종교와 인권은 근본적으로 적대적인가, 아니면 종교 전통들이 인간의 존엄성을 위해 인용되는 도덕적인 근거를 품고 있는가?

남아프리카의 인권운동가이며 노벨상 수상자인 데스몬드 투투(Desmond Tutu) 주교는 최근에 "종교는 칼과 같다."고 말했다. 칼은 죽이거나 굶주린 사람들을 먹이는 빵을 자를 수도 있다.[1] 투투는 알고 있었다. 인종격리정책 폐지운동의 지도자로서, 성공회 주교는 종교가 억압의 가능성과 해방의 가능성 모두를 가지고 있다는 걸 직접적으로 경험했다. 남아공 흑인들이 여러 세대에 걸쳐서 겪은 불의를 떠올리면서, 그는 "우리가 그리스도교 신앙에 의해서 고무되지 않았거나 무시무시한 적들을 마주해서 선과 진리, 그리고 연민과 사랑의 궁극적 승리를 확신하지 않았더라면, 정의, 평화, 그리고 평등을 위한 우리의 투쟁은 난관을 헤쳐나오기 어려웠다는 것을 나는 증명할 수 있다."라고 말했다.[2] 그러나 투투의 반대파들 또한 종교적인 논거를 제시했다. 예를 들면, 편견이 담긴 정책이나 인종차별적인 정책을 정당화하기 위해서 민족들 간의 우열에 대한 성서 구절을 이용했다.[3] 같은 칼이 다른 목적으로 사용되었다.

---

1) "Desmond Tutu on God, Bush and the Tsunamis," Newsweek Web Exclusive, 30 December 2004, http://www.msnbc.msn.com/id/6769668/site/newsweek/(27 April, 2007).
2) Desmond M. Tutu, "Preface," *Religious Human Rights in Global Perspective: Religious Perspectivies*, ed. John Witte Jr. and Johan D. van der Vyner(The Hague: Martinus Nijhoff, 1996), xvi.
3) 예를 들면, 엘리자베스 이지케이(Elizabeth Isichei)의 *A History of Christianity in Africa*(Grand Rapids: Eerdmans, 1995), 306을 보라. 남아프리카의 네델란드 개혁 교회는 종종 "기도 중인 애국당"으로 불렸다. 실제로 린 그레이빌(Lyn S. Graybill)이 지적한 대로, "네델란드 개혁교회 성직자들은 인종격리정책의 원칙과 틀을 애국당이 아닌 자신들의 교회가 만들었다고 자랑하곤 했다." Lyn S. Graybill, *Religion and Resistance Politics in South Africa*(Westport, Conn.: Praeger, 1995), 2.

그러나 다른 좋은 비유들처럼 이 칼의 비유 또한 한계가 있다. 다시 말하면, 이 비유는 종교가 어떤 독립된 목적 — 종교 자체와는 직접적으로 관계없는 목적 — 을 실행하기 위해서 사용되는 단순한 도구라고 말하는 것처럼 보인다.[4] 많은 경우에, 종교는 이런 식으로 작동해왔다. 예를 들면, 미심쩍은 정치적 의제를 신성하게 만들거나 적들을 악마로 만들어버렸다. 그래서 우리는 종교가 극단주의자들에게 납치당했다거나, 정치인들에게 악용되고 있다거나, 사기꾼들이나 상인들에 의해서 상품화되었다고 종종 말한다. 그러나 정치적으로 이용 가능하고 '도덕적으로 중립적인' 개념으로 이해된 종교, 서내하고 익힌 권력의 손 안에 있는 단순하고 무지한 꼭두각시로 이해된 종교는 우리의 철저한 비판을 받아야 한다.

우선, 그러한 종교 개념은 너무 쉽게 책임을 면제해준다. 우리는 이런 이야기를 종종 들었다. "종교는 사람을 죽이지 않는다. 사람들이 사람을 죽인다." 그렇다. 종교는 어떤 도구나 대리인이 아니다. 윌프레드 캔트웰 스미스(Wilfred Cantwell Smith)가 말한, 종교는 없고, 종교적인 사람들만 있다는 지적도 일리가 있다. 그러나 종교가 그 자체로 행동할 수는 없더라도, 사람들은 종교를 위해서 행동하도록 고취되고, 그들의 신실성을 의심할 이유를 찾기 힘들다.

종교는 조작될 수 있지만, 도덕적으로 중립적이지는 않다. 종

---

[4] 종교를 칼로 비유한 인터뷰에서, 투투는 "종교는 그 자체로 도덕적으로 중립적이다."라고 제시했다.

교가 갖고 있는 모호성은 종교라는 용어가 다양한 여러 가지 현상들 – 어떤 것은 인간의 존엄성에 호의적이고, 어떤 것은 그렇지 않은 – 을 모두 지칭하는 데서 발생한다. 종교 전체 혹은 특정 종교를 책임 있게 평가할 때는 이 긴장 관계를 인정하고 종교가 인기 정치만평에서 상투적으로 받아들여지는 지나친 일반화를 극복해야 한다. 종교와 인권의 관계를 설명하고 나서 긍정이나 부정의 평가를 내리는 것보다는, 종교가 다양한 형태를 가지며, 종교와 인권의 관계방식에서 유일한 방법은 없다고 인정하는 것이 현명해 보인다.

인권이라고 할 때, 우리는 그 주장을 일반적으로 다음과 같이 이해한다.

인간이라는 이유만으로 모든 인간에게 어떤 선택들은 받아들여지고 어떤 선택들은 거부되어야 한다. 특별히 어떤 일들은 인간에게 행해지면 안 되고, 어떤 일들은 모든 인간에게 행해져야 한다.[5]

달리 표현하면, 인권은 무엇보다도 도덕적 이상이다. 그러나 인권이 도덕적 이상이면서도 정치와 밀접하게 관련되는데, 그 이유는 인권이 공동체, 제도, 지도자들의 권위를 개인과 관련해서 제한하기 때문이다.

---

5) Michael J. Perry, *The Idea of Human Rights: Four Inquiries*(New York: Oxford University Press, 1998), 13.

물론, 종교 행위를 경험적으로 평가할 때, 철학적이고 신학적인 특징에 대한 질문이 제기된다. 특별히 우리처럼 특정 종교 전통에 속해 있으면서 인권에 관심을 두는 사람들에게 그러하다. 결론적으로, 종교의 인권에 대한 모호성을 **인정하는** 것과 그 모호성을 **승인하는** 것은 별개의 문제이다. 이 책은 두 가지 문제를 모두 다루는데, 그리스도교 자체와 그리스도교 신학과 실천의 가능성에 관심을 둔다. 우리는 신앙이 여기에 큰 기여를 할 수 있다는 점을 인정하면서도, 그리스도교를 포함한 세계 종교들은 주의 깊은 해석학적 재평가와 비판적인 재구성을 필요로 한다고 주장한다.

그러면서도 종교의 추상적이고 본질적인 접근을 피하는 것이 필요한 것처럼 인권을, 마이클 이그나티에프(Michael Ignatieff)의 말을 빌리면, "도덕적 으뜸패"로 여기지 않도록 주의해야 한다. 이그나티에프는 인권을, 권리 논의를 가능하게 하는 사회 조건들과 관련 없이 교리적으로 추구하는, "인권 우상"이라는 유혹, 일종의 "세속 종교"로 보는 것을 경고한다.[6] 앞으로 보게 되겠지만, 인권

---

6) Michael Ignatieff, "Human Rights as Idolatry," in *The Tanner Lectures on Human Values* 22(Salt Lake City: University of Utah Press, 2001), 300, 320을 보라. 우리가 주장하는 입장과는 달리, 이그나티에프는 인권 개념을 신중하게 접근하며, 종교적이나 철학적인 기초에 근거를 두지 않는다. 그는 Elie Wiesel, "A Tribute to Human Rights," in *The Universal Declaration of Human Rights: Fifty Years and Beyond*, ed. Y. Danieli et al. (Amityville, N.Y.: Baywood, 1999), 3에서 "세속 종교"라는 관용구를 차용한다.

개념은 모든 인간을 대상으로 한 요구들이지만, 모든 인간이 자연적으로 받은 선천적인 요구들을 말하지 않는다. 인권은 역사를 가지고 있으며, 그 역사에서 종교가 아주 중요한 역할을 해왔다. 이 복잡한 관계는 변증법적인 것으로 이해할 수 있다. 인권 개념은 종교로부터 지지를 받을 수 있으며, 동시에 종교를 비판할 수 있다.

개관

인권은 실제 경험으로부터, 많은 경우에 잔인한 경험으로부터 생겨났다. 그 경험을 소중하게 여기면서 중점적으로 다루기 위해서, 이 책은 이론에서 시작하지 않고 구체적인 역사적 사례에서 시작한다. 1장의 "인권과 그리스도교의 증거: 사례 연구"는 엘살바도르의 인권 투쟁에서 펼친 가톨릭교회의 역할을 다룬다. 1970년대에 중앙아메리카 국가들은 미국의 원조를 받은 폭력적 독재정권의 통치를 받았다. 엘살바도르 사회에서 갈등이 증폭되어 오랜 내전이 벌어졌는데, 군대와 방위군은 게릴라들과 반대세력들의 저항에 맞서며 민간인들을 공격했고, 암살대(death squad)에 의해서 수천 명의 시민이 목숨을 잃었다. 두려움과 혼란 속에서 성공할 것 같지 않았던 인권운동이 산 살바도르(San Salvador)의 주교인 오스카 로메로(Oscar Romero)를 통해서 일어났다. 그의 특출한 도덕적 지도력에 힘입어, 가톨릭교회는 그 전쟁에서 공정한 중재자로 신뢰를 얻게 되었다. 그러나 로메로의 인권운동은 정치적 우파와의 갈등을 불러일으켰고, 그 교단의 많은 사람은 그의 대중적 역할을 반대했다. 오늘날 로메로는 "인권의 사도"로 숭앙받고 있는데, 해방의 역할을 하는 예언적인 그리스도교를 상징하는 증인이다. 그러나 충성스런 증인은 그 값을 치러야 하고, 라틴아메리카에서 인권 투쟁에 참여한 교회의 역사는 세계의 인권운동에 영감을 불러일으키면서도 그리스도교의 승리주의를 경고한다.[7]

지금까지 **인권**이라는 표현의 의미는 분명하게 설명되지 않고 제시되었다. 2장의 "인권이란 무엇인가?"는 인권 개념을 고찰하고 또한 그 발전의 역사를 다루면서 그 의미를 좀 더 분명하게 밝힌다. 그 뿌리는 중세까지 혹은 그 이전까지 올라갈 수 있지만, 우리가 알고 있는 인권의 개념은 계몽주의 시대에 두드러지게 나타났는데, 그 시기에 유럽은 개인의 존엄성을 위협하는 거대한 사회

---

7) 라틴아메리카 교회 지도자들이 억압받는 사람들의 편에 항상 섰던 것은 아니며, 몇몇은 억압자의 역할을 했다. 2007년 10월, 아르헨티나 사제인 크리스찬 페데리코 폰 베르니크(Christian Fedrico von Wernich) 신부는 비인도적 범죄로 종신형을 선고받았다. 라틴아메리카의 최근 독재기에 인권 탄압으로 유죄 확정된 첫 로마가톨릭 사제로 폰 베르니크는 1976-1983년 아르헨티나의 독재정권에서 경목 겸 정보제공자로 일했다. "증거 자료에서, 폰 베르니크는 적어도 세 번의 살인 사건 현장에 있었던 것으로 추정되며, 한 사건에서는 살인자와 함께 자신의 손에서 핏물을 씻어내기도 했다. 선 서증언문에 의하면, 그는 그 살인을 '하나님의 이름으로' 행한 '애국적 행위'로 불렀다." Patrick J. McDonnell, "Priest's Conviction Awakens Old Ghosts," *Los Angeles Times*(October 21, 2007): A7.

격변을 경험하고 있었다. 홀로코스트와 제2차 세계대전이 발발하면서, 20세기 후반은 국제법에서 이러한 도덕적 열망의 많은 부분이 인정되는 것을 목격했다. 그러나 최근 수십 년간의 사건들은 (예를 들어, 보스니아, 르완다, 그리고 이라크에서) 매우 분명하게 이런 인권 체제가 그것을 집행할 적합한 기구들을 결여하고 있음을 보여주었다. 인간의 존엄성에 대한 위협이 바뀌면서 인권의 약속이 단지 운이 좋은 몇몇 소수에 의해서만 실현되지 않으려면, 인권의 언어와 실천 방법 또한 변화되어야 한다.

모든 인간은 존엄성을 가지고 있고, 국적, 사회적 신분, 성, 성적취향, 인종, 혹은 민족의식과 상관없이 기본적으로 존중을 받아야 한다는 인권의 핵심 개념은 아직 논쟁중이며, 그 정당화는 계속 논의되고 있고 도전받고 있다. 알라스데어 매킨타이어(Alasdair MacIntyre)는 인권은 허구적인 창조로, "마녀 혹은 유니콘"과 비슷하다고 주장한다. 3장의 "인권과 그 기초의 문제"는 이러한 철학적인 문제들을 다루는데, 인간이 무엇을 의미하는지에 대한 우리의 이해와 우리의 도덕적 반응 사이의 관계를 살펴본다. 우리는 인권의 개념이 찰스 테일러(Charles Tayor)의 신조어인, "적절한 인간 존재론"을 필요로 하는데, 존중을 받을만한 것이 인간에게 어떤 것인지를 설명한다. 우리의 입장에서, 인권의 개념은 인간의 존엄성에 바탕을 두고 있지, 자연법이나 하나님의 명령에 있지 않다. 그러나 그 정당화는 종교적인 형태를 취할 수 있는데, 인간의 존엄성이 종교적 신념이라는 렌즈를 통해서 이해될 때 그러하다.

몇몇 현대 이론가들은 인권 개념을 받아들이지만, 종교적인 정당화는 거부한다. 결국 그들이 강조하는 것은 인권이 모든 인간을 포함하기 때문에 그 범위에서 보편적인 데 비해, 종교는 본래 특수성을 가지고 있으며, 모든 인간은 공통된 믿음을 공유할 수 없다는 점이다. 루이스 헨킨(Louis Henkin)은 특별히 강력하게 반대를 하고 있는데, 우리는 4장의 "보편적 인권과 종교적 특수성"을 통해 그 반대 의견을 다루고 있다. 우리는 인권 개념의 정당성이 보편적인 동의에 의존하지 않으며 보편적이지 않은 상황에서도 정당화될 수 있음을 주장할 것이다. 이 주장에 의하면, 인권의 보편성과 인권에 대한 개별 종교 근거의 특수성은 원칙적으로 상충되지 않는다. 물론 인권을 실천하는 데 호의적인 사회 환경을 필요로 하지만, 광범위한 동의—종교들과 문화들을 넘어서는 동의—는 꼭 필요하다. 그러므로 우리는 인권을 염려하는 사람들이 가용한 전통에 기초해서 인권의 근거를 찾으려는 다양한 종교 전통의 노력을 환영해야 한다고 주장한다.

우리는 바라기를 종교적 혹은 비종교적으로 인권을 정당화하는 구체적 상황이 다양하다고 할 때, 다양한 전통과 문화에 속한 개인들은 인간으로서 (다른 전통과 문화에 속한) 타인들의 존엄성과 권리를 인정할 수 있게 될 것이다. 우리는 간단하게 불교, 유대교, 그리고 이슬람교 안에서 일어나는 인권을 위한 최근의 노력들을 살펴볼 것이다. 뒤따르는 두 장은 그리스도교를 좀 더 구체적으로 다룰 것이다.

인권과 관련된 그리스도교의 역사는 복잡하고 모호하며, 한편으로 영감을 주기도 하고 심각하게 좌절시키기도 한다. 5장 "그리스도교와 인권: 역사적 시각"에서는 인권의 발전을 자세하게 살필 것인데, 특별히 인간의 존엄성 투쟁에 그리스도교가 기여하고 또한 방해한 측면을 강조할 것이다. 그러나 지면부족 관계로 그리스도교의 인권에 대한 기여와 방해를 다 다루지 못했고, 다른 중요한 문제들 또한 이 책의 논의에서 제외되었다. 인권과 종교의 문제는 다른 방식으로 다뤄질 수 있을 것이고, 우리의 논의가 어떤 독자들에게 불필요하게 비판적이거나 다른 사람들에게는 지나치게 낙관적으로 비칠 수도 있을 것이다. 이 책은 그리스도교와 인권의 소개에 그 목적이 있다. 더욱이 기억해야 할 것은 역사가 항상 발전한다는 점이다. 종종 철학자들과 천년왕국설 신봉자들이 성급하게 이야기하는 '역사의 끝'에 아직 도달하지 못했다. 사실상 지금 그리스도교는 북반구에서 남반구로의 역사적으로 중요한 인구의 변동을 겪고 있는데, 그 변동은 인권과 관련해서 거대한 그리고 아마도 예기치 않은 영향을 끼칠 것으로 보인다. 우리 연구는 회개가 비판적인 해석학적 복구 과정에 필수적인 첫걸음이라고 결론지었다.

그리스도교의 가장 독특한 신학적 주장은 — 다양하게 이해되고 해석되지만 — 그리스도 안에서 하나님은 육체가 되었고 고문과 박해를 당하기 쉽게 되었다는 것이다. 그럼에도 그리스도인들에게 희생이 아니라 사랑이 가장 중요한 표현이다. 6장의 "인권신학을 위하여"는 이러한 그리스도론적인 주장들의 의미를 고찰하는 데 그리스도교적인 하나님의 개념뿐만 아니라 인간의 의미에 관한 신학적 의미를 다룰 것이다. 그리스도론이 가능하게 하는 인간 존엄의 보편성과 인간관계의 모델로서 하나님 사랑의 특성인 자기포기의 범위까지, 그리스도론은 인권을 지지한다고 우리는 주장할 것이다.

결론적으로, 우리는 인간의 존엄성을 지키는 실제적인 인권운동(struggle)에 관심을 돌리는 것이 적합하다고 믿는데, 그 인권운동을 위해서 이 책의 앞부분에서 다룬 이론적인 부분은 중요하지만 충분하지 않다고 본다. 이 책의 후기는 다른 방법들과 더불어서 '인권 문화의 형성'에 독자들이 기여할 수 있는 방법에 대한 몇 가지 제안들을 제시한다.

이 책은 도덕 철학자(리차드 에임즈베리)와 신학자(조지 뉴랜즈)가 협동해서 만들었다. 서론과 1장부터 4장까지는 에임즈베리 교수가 저술했고, 5장과 6장은 뉴랜즈 교수가 저술했다. 후기는 함께 작성했다. (우리 생각에는) 두 관점들이 서로 보충되기 때문에 이 간학문 대화의 산물이 각각의 합보다 더 큰 역할을 하길 기대한다.

감사의 글

이 기획은 많은 대화자의 통찰력 있는 기여에 도움을 받았다.

에임즈베리는 이 책의 앞부분에 논평을 해준 친구들과 동료들인 압둘라히 아메드 안나임(Abdulahi Ahmed An-Na'im), 예수회 사제 제이 딘 브래클리(J. Dean Brackley, S. J.), 드류 스미스(Drew Smith), 그리고 썸너 트위스(Sumner Twiss)에게 감사한다. 또한 2007년 3월 산 살바도르의 중앙아메리카 대학에서 환대해준 마르시아 에르난데스(Marcia Hernandez)와 예수회 사제 앤드류 키슈만(Andrew Kirschman, S. J.)에게 감사한다. 엘살바도르 여행은 발도스타 주립 대학(Valdosta State University)의 연구장학금을 통해서 가능했다. 2장과 4장은 신학과 종교 교육을 위한 와바시 센터(the Wabash Center for Teaching and Learning in Theology and Religion)의 장학금을 통해서 이뤄졌다. 에임즈베리는 또한 2006년 여름 자신을 환대해준 웨슬리 신학대학(Wesley Theological Seminary)에 감사를 전한다. 뉴랜즈는 명민하고 현명한 친구들인 케이스 유잉(Keith Ewing), 데이빗 퍼거슨(David Fergusson), 던컨 포레스터(Duncan Forrester), 데이빗 야스퍼(David Jasper), 폴 미들턴(Paul Middleton), 폴 님모(Paul Nimmo), 모나 시디끄(Mona Siddiqui), 그리고 앨런 스미스(Allen Smith)의 도움에 감사한 마음을 전한다.

우리는 또한 포트리스 출판사(Fortress Press)의 마이클 웨스트(Michael West)와 수잔 존슨(Susan Johnson)에게 이 기획에 대한 도움에 감사를 전한다.

4장의 초기 버전은 폴 미들턴(Paul Middleton)이 편집한 책,

『하나님의 사랑과 인간의 존엄성』(*The God of Love and Human Dignity*, London: T & T Clark, 2007)의 65-84쪽에 "보편적 인권과 종교적 특수성"이라는 제목으로 실렸다. 콘티눔 국제 출판사(Continuum International Publishing)의 친절한 허락으로 이 책의 4장에 포함되었다. 5장과 6장은 조지 뉴랜즈의 책『그리스도와 인권』(*Christ and Human Rights*, Aldershot, UK: Ashgate, 2006)에서 편집된 것이다. 이 부분은 애쉬게이트 출판사(Ashgate Publishing)의 친절한 허락으로 여기에 포함되었다.

리차드 에임즈베리·조지 뉴랜즈

1장

인권과 그리스도교의 증거: 사례 연구

농민들의 사체가 한 주 내내 시골에 쌓여가고 있었다. 산 살바도르(San Salvador)에서 국립대학은 군대에 포위당해 있었고, 대성당은 시위자들이 점거하고 있었다. 1980년 3월 23일 일요일 저녁에 사람들은 세이크리드 하트 성당(the Sacred Heart Basilica)에 미사를 드리려고 모였다. 예배드리는 것조차도 위험한 일이지만, 함께 모일 수 있는 몇 안 되는 장소 중 하나였다. 2주 전 미사 직후에 일꾼들이 교회를 청소하다가 72개의 다이너마이트 폭탄이 불발된 채로 담겨 있는 여행 가방을 발견했다. 설교를 전하려고 일어서면서 오스카 로메로 대주교(Oscar Romero)는 악화되는 폭력을 비판하며 그 주간의 희생자 이름을 언급했다. 타임지에 의하면, "작고, 선하게 생긴, 안경을 쓴 회색 머리의 남자"[1]인 로메로 대주교는 살바도르의 군대와 방위군, 그리고 경찰을 향해 직접적으로 호소했다.

형제들이여, 여러분들은 우리 국민의 일부입니다. 여러분은 여러분 자신의 농민 형제들과 자매들을 살해했습니다. 사람에게 받은 살해 명령 이전에, 하나님의 법은 어디에든 존재하며, "살인하지 말라!"고 합니다. 그 어느 군인도 하나님의 법에 어긋나는 명령을 지킬 의무는 없습니다. 비도덕적인 법에 순응해야 할 필요는 없습니다. … 교회는 하나님의 권리, 하나님의 법, 인간의 존엄성, 그리고 인격을 보호하는 기관으로 그러한 혐오스런 일을 대면해서 침묵할 수 없습니다.[2]

교회 라디오 방송국은 2월에 폭탄에 의해 송신기가 파괴된 이후에 방송을 재개했고, 정부에 전하는 로메로의 목소리는 우레 같은 박수소리와 함께 감정이 북받쳐 올랐는데, 전 지역에서 들을 수 있었다.[3] "하나님의 이름으로, 날이 갈수록 더욱 소리 높여 하나님께 애통을 쏟아내는 고통받는 사람들의 이름으로, 나는 여러분에게 간청합니다, 여러분에게 간절히 바랍니다, 하나님의 이름

---

1) "Murder at the Altar," *Time*(7 April, 1980).
2) Oscar Romero, *La Voz de Los Sin Voz: La Palabra Viva de Monseñor Romero*, ed. R. Cardenal, I. Martín-Baró, and J. Sobrino(San Salvador: UCA editores, 1980), 298(저자의 번역).
3) 실제로 계속되는 재방송 때문에, 로메로의 설교는 라틴아메리카 전역에서 들을 수 있었다.

으로 여러분에게 명령합니다. 진압을 멈추십시오!"[4]

로메로의 인권에 대한 헌신과 그의 종교적 신앙은 밀접하게 뒤얽혀 있고 서로 상승작용을 한다. 로메로가 보았을 때, 진정한 해방은 신앙에 근거하고 있으며, 진정한 신앙은 인권에 관심 기울일 것을 요청한다. "손쉬운 해방이 있을 수 있지만, 신앙의 사람들만 결정적이고, 실질적인 해방을 일으킬 수 있습니다."라고 주의를 준다.[5] 설교를 마치면서, 로메로는 말한다. "오늘 성서에서 공부한 것처럼 교회는 해방을 선포합니다. 해방은 무엇보다도 인간의 존엄성에 대한 존중을 포함하고… 오직 하나님에게서만 그 희망과 힘을 얻을 수 있습니다."[6]

로메로가 너무나도 잘 알고 있었듯이, "신앙의 사람들"은 인권의 심각한 침해자이며, 종교는 잔인한 정권을 정당화하고, 원수들을 악마화하고, 흉악한 일들을 변호하는 데 종종 사용되었다. 로메로의 교회 안에서도 어떤 사람들은 그의 인권 옹호를 반대했는데, 그들은 인권 옹호가 정치에 의해 종교가 약화된 것이라고 보았고(그들이 종종 반대했던 정치), 그와는 반대로 인권의 옹호자 대부분은 종교를 해결책이라기보다는 문제라고 보았다. 이 장은 이러한 모호성을 살바도르의 경험을 통해서 살펴보려고 한다. 뒤따르는 장들은 좀 더 철학적이고 신학적인 특징을 살펴보도록 할

---

4) Romero, *La Voz de Los Sin Voz*, 291.
5) *Ibid.*, 280.
6) *Ibid.*, 292.

것이다. 그러나 우선 구체적인 사례에 집중하는 것이 도움이 될 것이다. (앞으로 보겠지만) 사례는 전통의 진부함에 도전하며 편한 안락의자에서 만든 이론을 거부한다.

살바도르의 상황

세계의 구원자를 기념하기 위해서 명명된 엘살바도르(El Salvador)는 과테말라와 온두라스에 밀려 태평양 쪽으로 치우쳐 있다. 높은 화산 봉우리와 어우러진 신록의 광경을 드러내는 기막힌 자연 경관의 땅으로, 엘살바도르는 중앙아메리카에서 가장 작은 나라이며 카리브해와 맞닿지 않는 유일한 나라이다. 현재 인구는 700만 명에 달하고 있으며, 대다수의 사람들은 메스티조(mestizo)이거나 토착민이고 대략 9%의 사람만이 백인이다. 로마가톨릭은 여전히 다수 지위를 유지하고 있지만, 최근 몇 년 사이에 라틴아메리카의 대부분 지역처럼 개신교 복음주의(대부분이 오순절파)가 증가하고 있다.

현재 가장 심각한 사회분열은 빈부의 격차이다. 식민지 시기에, 토착공동체는 에히도스(ejidos)라고 불리는 공동의 땅을 경작했는데, 엘살바도르가 독립을 얻게 되면서 철폐되었다. 19세기 후반에, 커피왕들은 거대한 사유지를 통합했고, 그 과정에서 대부분의 살바도르 사람들은 토지 무소유자가 되었다. 이 농부들(campesinos)은 소작인들로 노동을 하거나 바위투성이인 언덕에서 근근이 먹

고사는 자급농부로 살아갔다. 1932년에 농부들은 토지개혁을 요구했지만, 그들의 시위는 살바도르 군대에 의해서 잔인하게 짓밟혔다. 한 달 사이에 만 명에서 삼만 명의 사람들이 죽임을 당했는데 - 정확한 수치는 논쟁 중이지만 그래도 어마어마한 수치이다. - 이 사건은 살육, '라 마탄자'(La Matanza)라고 불린다. 로메로가 1977년에 대주교로 임명되었을 당시 열네 가구가 경작지의 60% 이상을 소유하고 있었다.[7]

1970년대에 엘살바도르는 미국의 지원을 받은 폭압적인 우파 독재에 의해서 지배되고 있었다. 1980년에 다섯 개의 저항 단체들이 라 마탄자 사건 때 공산주의 지도자로 토착농민들을 조직화하다가 처형당한 아구스틴 파라분도 마르티 로드리게스(Agustin Farabundo Marti Rodriguez)의 이름을 딴 파라분도 마르티 국가해방 전선(Farabundo Marti National Liberation Front-FMLN)이라는 좌파 게릴라 단체를 형성했다. 정부는 그 저항운동의 지지확산을 차단하기 위해서 억압을 강화시키며 대응했다. 1981년에 정부군과 게릴라들의 충돌은 내전으로 격화되었는데, 수천 명의 시민들, 특별히 농촌지역 사람들이 암살대의 표적이 되었다.[8] 이 무

---

7) Marie Dennis, Renny Golden, and Scott Wright, *Oscar Romero: Reflections on His Life and Writings*(Maryknoll, N.Y.: Orbis, 2000), 9.
8) 암살대는 1980년 3월에만 514명을 사살했다. "많은 살해자들이 교사들 사냥과 같은 조직적 계획의 흔적들을 갖고 있다. 보통 3일에 한 번씩은 계획적인 살해로 사람들이 죽음을 당했다." I. Martín-Baró, "Oscar Romero: Voice of the Downtrodden," in Oscar *Romero, Voice of the Voiceless: The Four*

법적 살인과 실종을 자행한 군사행동의 잔인성은 과장이 힘들 정도이다.

시민들의 사기를 저하시키고 위협해서 복종시키기 위해서 군대와 협력자들은 살인을 저지를 뿐만 아니라 절단을 자행했다. 생존자의 가죽을 벗기고, 목을 찌르고, 머리를 베고, 어머니의 자궁에서 태아를 잘라냈다. 잘린 사체들은 마을 광장에 독수리의 먹이로 버려졌다. 그 어떤 마을 사람도 국가 전복으로 고발되지 않으려고 사체를 만지려하지 않았다.[9]

1992년 내전이 끝날 즈음 전체 인구 500만 명 중에서 대략 7만 5,000명이 살해당했다.

오스카 로메로(Oscar Romero)

오스카 아르눌포 로메로 이 갈다메즈(Oscar Arnulfo Romero y Galdamez)는 1917년 바리오스(Barrios) 도시의 중산층 가정에서

Pastoral Letters and Other Statements, trans. Michael J. Walsh(Maryknoll, N.Y.: Orbis, 1990), 17. 마르틴 바로(I. Martín-Baró) 자신은 1989년 다른 다섯 예수회 교수들, 그들의 가정부, 그리고 그녀의 딸과 함께 엘살바도르 군사 대학의 지휘관의 명령을 수행하는, 미국에서 훈련받은 아틀라카틀 부대의 병사들에 의해서 살해되었다.

9) Dennis et al., *Oscar Romero*, 10-11.

태어났다. 그는 목수로 훈련을 받았는데(그의 아버지는 정규교육을 받는 것보다 상인이 되는 게 그에게 더 낫다고 생각했지만), 아버지의 반대에도 불구하고 어린 나이에 신학교에 들어가서 1942년 로마에서 사제 서품을 받았다. 로메로는 교황청 소속 그레고리안 대학(Pontifical Gregorian University)에서 신학 박사학위를 받으려고 했지만, 제2차 세계대전 때문에 스물여섯 번째 생일이 지난 직후에 엘살바도르로 돌아오게 되었다. 그는 30년 이상을 다양한 분야에서 사제로 섬겼고, 1974년 주교가 되었다. 그러고 나서 1977년 산 살바도르의 대주교로 임명되었다.

로메로는 자신이 보수적이고 책을 좋아하며 정치 문제에는 관심이 거의 없는 성직자라고 생각했다. 그가 대주교로 임명을 받은 것은, 좀 더 진보적인 주교 아르투로 리베라 다마스(Arturo Rivera Damas)와 달리 교회와 살바도르 지배층의 전통적 유착관계를 위협하지 않을 것이라고 받아들여졌기 때문이다. 그러나 1977년 3월 12일 로메로가 대주교로 임명된 지 두 주 반이 지났을 때, 역사는 기대하지 않은 방향으로 흘렀다. 그날 오후 수도에서 북쪽으로 30마일 정도 떨어진 아퀼라레스(Aguilares) 마을에서, 예수회 사제이며, 토지 개혁의 옹호자로서 그리스도교 "기초공동체"를 세우는 신학생들과 함께 일했던 루틸리오 그란데(Rutilio Grande) 신부가 엘파이스날(El Paisnal) 마을에서 미사를 집전하고, 십대 소년과 어르신 한 분과 함께 지프를 타고 돌아오고 있었다. 그때 그 지프는 습격을 당했고, 세 사람 모두 살해당했다.

그란데 신부와 로메로 신부는 오랫동안 친구였는데, 같은 날 밤늦게, 로메로는 아귈라레스에서 그 세 사람의 장례미사를 집전했다. 거기 참석했던 예수회 신학자 존 소브리노(Jon Sobrino)는 회상하기를, "대주교 로메로가 루틸리오 그란데의 사체를 뚫어지게 바라보고 있었는데, 그의 눈에서 비늘이 떨어졌다."[10] 소브리노는 나중에 "루틸리오 그란데의 살해가 대주교 로메로의 회심을 일으킨 계기였다."[11]고 말한다.(그의 지지자들과 소브리노를 포함해서 그의 대주교 지명을 반대한 사람들) 모두의 기대와 달리 로메로는 사려 깊고, 소심한 사제에서 군사독재의 비판가이면서 인권의 옹호자로서, 직설적인 예언자로 변화되었다. "이제 그는 하나님에게서 가난한 자들을 혹은 하나님을 향한 신앙에서 가난한 자들을 보호하는 것을 분리할 수 없게 되었다."[12] 소브리노에 의하면, "대주교 로메로에게 새로운 활동에 힘을 불어넣은 것은 루

---

10) John Sobrino, *Archbishop Romero: Memories and Reflections*, Trans. Robert R. Barr(Maryknoll, N.Y.: Orbis, 1999), 9-10.
11) *Ibid.*, 9. 로메로가 가난한 자들의 관심에 전적으로 무관심했던 일이 없다는 것을 생각하면 '회심'은 어쩌면 너무 강한 용어이다. 그러나 분명한 것은, 그란데 사제(Grande)의 죽음이 로메로에게 전환점이 되었고, 그의 후기 삶을 규정하는 예언적 사명에 대한 새로운 자기 인식을 촉진했다. 소브리노는 "나는 이런 현상을 회심이라고 부를 수 있지만, 악을 행하는 것을 그치고 선한 일을 시작하는 의미에서가 아니라 하나님의 의지를 이해하고 그것을 구체화할 수 있게 된 것, 근원적이고 급진적인 변화를 이루는 의미에서 이다." *Ibid.*, 8.
12) *Ibid.*, 16.

틸리오의 죽음"이었다.[13] 그는 "인권의 사도"가 되었으며 가난한 자들과 억눌린 자들을 대변했다.[14]

표현의 자유가 제한되고 사회단체들이 억압받는 상황에서 엘살바도르의 가톨릭교회는 로메로의 지도하에 도덕적 권위의 독립적인 토대로, 폭력과 혼란의 증가 상태에서 희망의 표지로 점점 신뢰성을 얻었다. 사람들은 제한된 자원을 가지고 실종된 사람들을 찾아내고 자신들을 보호하면서 대주교를 도왔다. 로메로는 결국 소리를 내지 못하는 사람들의 소리가 되었다. 살바도르의 인권 변호사인 로베르토 꾸에야르(Roberto Cuéllar)가 회고하듯이, 로메로는 "법률상의 변호와 공공의 고발을 통해서 복음서의 진리와 윤리를 어떻게 연결시키는지 알았다." 그는 "산상수훈의 팔복에 의해 근본적으로 영감을 받은 인권 옴부즈맨이었다. 가난한 자들에게 음식을 주고, 목마른 자에게 마실 것을 주고, 절망한 자들을 위로하며, 감옥에 갇힌 자들을 찾아갔다."[15]

보호받을 수 없는 자들을 보호하는 로메로는 사람들에게 사랑을 받았지만, 극우파로부터의 반대는 점차 증가하고 있었다. 반대자들로부터 죽음의 위협과 친구들의 경고에도 불구하고 로메로는

---

13) *Ibid.*, 10.
14) Roberto Cuéllar, "Monseñor Oscar Romero: Human Rights Apostle," in *Monsignor Romero: A Bishop for the Third Millennium*, ed. Robert S. Pelton(Notre Dame: University of Notre Dame Press, 2004), 35-46을 보라.
15) *Ibid.*, 38.

경호원을 거절했고, 그가 섬기는 사람들과 모든 것을 함께 하길 선호했다. 3월 24일 월요일에 - 군부를 비판한 다음날 - 그는 그가 살고 있는 지역 병원 채플에서 미사를 집전했다. 그날의 성서 일과를 언급하며 그는 말했다.

여러분은 방금 그리스도의 복음을 들었습니다. 누구나 역사가 우리에게 요청하는 삶의 위험들을 피하려고 자신을 사랑해서는 안 되며 그 위험을 피하려는 사람은 그의 혹은 그녀의 목숨을 잃게 될 것입니다. 반대로, 하나님의 사랑을 바탕으로 자신을 다른 사람들을 위해 봉사하는 데 바치는 사람들은 살 것인데, 밀알이 죽는 것처럼, 그러나 분명히…그 자신을 부인할 때만 수확을 거두게 됩니다.[16]

그가 빵과 포도주를 성찬을 위해 준비할 때, 총성 소리가 그 작은 채플에 울려퍼졌다. 곧이어 총알의 파편들이 그의 심장을 파고들었고, 그는 곧 숨을 거두었다.

---

16) Romero, La Voz de Los Sin Voz, 294. 로메로 본인의 표현에 관심이 있는 독자들은(La Voz de Los Sin Voz의 몇몇 발췌된 부분의 영어 번역본인) Romero, Voice of the Voiceless를 참조하라. Oscar Romero, A Shepherd's Diary, trans. Irene B. Hodgson(Cincinnati: St. Anthony Messenger Press, 1993) (1978년 3월 31일부터 1980년 3월 29일까지의 일기); 그리고 Oscar Romero, The Violence of Love, compiled and trans. James R. Brockman(Farmington, Pa.: Plough, 1988)(어록 모음).

교회, 가난한 자, 그리고 권력

예수회 인권 학자인 존 랭안(John Langan)은 그리스도교가 인권과 관련해서 양면성을 드러낸다고 지적한다.

그 역사에서 그리스도교는 인권의 실현에 기여하기도 하고 방해하기도 해왔다. 인권 이론과 운동의 상당 부분은 그리스도교적 가치들인데, 보편적 사랑, 하나님 앞에서 모든 인간의 평등, 세속 권력 앞에서 개인의 자유, 개인의 영원한 가치, 행동의 방향을 제시하고 정치적 전체성에 종속되지 않는 가치의 영역에 대한 인식 등이다. 그러나 인권 이론과 인권운동은 인권의 억압을 통해 이득을 얻고 거기에 협력하는 그리스도교 교회들과 기관들을 비판한다.[17]

이러한 양면성에 대한 하나의 설명은 교회들이 역사적으로 존재해왔던 다양한 사회 제도에서 발견된다. 랭안이 제시하듯이 전통적으로 그리스도교는 그 자신이 속한 거대 사회에서 네 가지 기본적인 관계방식을 가지고 있었다.

---

17) John Langan, "The Individual and the Collectivity in Christianity," in *Religious Diversity and Human Rights*, ed. Irene Bloom, J. Paul Martin, and Wayne L. Proudfoot(New York: Columbia University Press, 1996), 172.

1. 그리스도교는 박해받는 소수자들이었는데, 중세의 로마나 근대의 중국에서처럼 권력의 중심과는 거리가 멀다.
2. 그리스도교는 (역사적으로) 영국과 스칸디나비아에서처럼 제도화된 공식 교회의 자격을 가졌다.
3. 미국에서처럼, 다원사회에서는 결사의 자유를 법적으로 보호하는데, 그리스도교가 그 보호를 받았다.
4. 그리스도교는 공공질서를 위협하는 수준까지 분열을 해왔는데, 북아일랜드가 최근의 경우이다.[18]

랭안에 의하면, 일반적으로(아마도 누군가가 기대하고 있는 것과는 반대로) 인권을 옹호하는 교회의 범위는 교회가 국가정치권력을 사용하는 정도와 반비례한다. 근대에 와서도 "법적 보호를 받거나 국교로 자리 잡아도, 교회들은 인권에 대해 근원적으로 양면적 입장을 취해왔다. 이러한 입장은 신약성서에 나타나는 보편적이고, 평등주의적이고, 비폭력적인 요소들과 마찰을 빚는다."[19] 그리스도교는 확실히 권력은 타락한다는 원칙에서 예외가 되지 못한다.

역사적으로 라틴아메리카의 교회와 국가 관계는 랭안의 두 번째 유형에 해당한다. 제도 교회는 지배 엘리트에게 도움을 받았고 반대급부로 그들에게 정당성을 부여했다. 그러나 1960년대와

---

18) *Ibid.*, 154-155.
19) *Ibid.*, 171.

1970년대에 라틴아메리카의 가톨릭교회는 이 유형에서 벗어나서 가난한 자들과의 연대를 증진시키는 쪽으로 옮겨갔다. 이러한 변화의 최초 유인은 제2차 바티칸 공의회(1962-1965)였는데, 이 공의회는 평신도들에게 권한이 위임되어야 함을 강조했다. 그러나 콜롬비아 메들린(1968)에서 그리고 다시 멕시코의 푸에블라(1979)에서 모인 라틴아메리카의 주교회의(CELAM)에서 "가난한 자들을 위한 특별한 관심"이 승인된 이후에야 탄력을 받았다. 이 암시적 문구의 정확한 의미는 아직도 논쟁 중이다. 어떤 사람들은 이 문구를 교회에서 목회적 우선성으로 해석하고, 다른 사람들은 하나님께서 가난한 자들과 억눌린 자들이 편에 있다고 이해를 한다. 그러나 그 함의는 분명하다. 교회는 해방을 위한 투쟁에 뛰어들어야 한다. 이 주제들은 라틴아메리카 해방신학자들에 의해서 옹호되었고 발전되었는데, 그들은 성서와 신앙의 요구가 소외된 자들의 입장에서 가장 잘 해석될 수 있다고 주장했다.

평신도들에게 권한을 부여하는 현실적인 한 가지 방법은 교회기초공동체(스페인어와 포르투갈어의 약자로 알려진 CEBs)를 후원하는 것이다. 이 공동체들은 브라질에서 시작되었는데 대체로 열 명에서 열세 명으로 구성되었으며, 기도, 성서 연구, 토론을 위해서 정기적으로 모였다. 교회기초공동체(CEBs)는 비판적 사고, 평신도의 민주적 리더십, 그리고 성서를 현재 사회 상황을 통해서 적용하는 것을 강조했기 때문에, 소외되어 왔던 사람들이 질문을 하고, 권위를 행사하며, 자유롭게 말했다.

교회 안에서 이러한 변화는 라틴아메리카의 폭력적 정권의 등장 시점과 일치한다. 정치학자로 라틴아메리카의 기초공동체를 연구한 다니엘 레빈(Daniel Levine)과 스콧 메인워링(Scott Mainwaring)에 의하면, "보통의 정치 채널(정당, 조합, 협회)이 닫혀 있었기 때문에, 몇몇 나라들에서는 교회가 지원하는 공동체와 운동들이 예기치 않게 유일한 가용 정치 통로가 되었다."[20] 그래서 기초공동체의 형성 요인은 원래 정치적이 아닌 종교적이었음에도 불구하고 기초공동체는 정치적으로 굉장히 중요하게 되었다.[21] 로메로는 그의 세 번째 목회서신(1978)에서 말하기를, 기초공동체에서는 성서를 공부하지만, 성서는 "정치적인 책임을 일깨울 수 있는" "강력한 요청"을 한다.[22]

---

20) Daniel H. Levine and Scott Mainwaring, "Religion and Popular Protest in Latin America: Contrasting Experiences," in *Power and Popular Protest: Latin American Social Movements*, ed. Susan Eckstein(Berkeley: University of California Press, 1989), 211. 로메로는 그의 세 번째 목회 서신에서 억압상황을 암시하고 있다. "결사의 자유에 관한 불편부당한 분석의 첫 번째 결론은 국가와 합의한 단체들과 국가가 보호하는 단체들은 완전한 자유가 있어야 한다는 것이다. 다른 한편, 정부와 다른 소리를 내는 단체들 - 정치 단체, 노동조합, 농민 단체들 - 은 적법하게 조직할 수 있는 권리를 이행하지 못하도록 방해를 받거나 제지되었다." Romero, *Voice of the Voiceless*, 90.
21) 흥미로운 것은 레빈과 메인웨어링은, 좀 더 공개적으로 정치적인 목적을 표방했던 CEB들이 좀 더 종교적인 목표를 내세웠던 CEB보다 정치적으로 덜 효과적이었음을 발견했다. Levine and Mainwaring, "Religion and Popular Protest," 212를 보라.
22) Romero, *Voice of the Voiceless*, 96.

그러나 이러한 해방운동들의 부상과 기존의 저항 세력들과의 연합은(예를 들면, 농부, 노동자, 그리고 학생) 교회를 점점 라틴아메리카의 독재정권뿐만 아니라 미국 정부에 의해서도 기존 사회 질서에 대한 위협으로 여기게 했다. 미국은 냉전에 관여하고 있었고 라틴아메리카의 대리 국가들은 그 냉전의 볼모로 잡혀 있었기 때문이다. 가난한 자들의 편을 드는 것은 권력의 특권과 보호의 상실을 의미한다. 엘살바도르의 가톨릭교회는 민중들과 동일시하면서 랭안의 유형론에서는 벗어난 사실상 박해당하는 다수가 되었다.

상반된 반응

벤야민 깐야스(Benjamin Cañas)의 비유적인 그림은 사망한 로메로를 표현하는데, 다양한 인물들에게 둘러싸여 있다. 그 옆에서 무릎을 꿇고, 전통 피에타에서 마리아처럼 그의 몸을 안은 벌거벗은 여인이 있는데, 그녀는 가난한 자들을 대표한다. 로메로가 "형제들"이라고 명명한 사람들 중 한 병사는 슬픈 표정을 지으며 수녀의 어깨 너머로 대주교를 바라보고 있다. 뾰족한 모자를 쓴 고위 성직자는 로메로의 가슴에 반지 낀 손을 얹어놓지만 그의 시선은 그 뒤에 있는 첨단유행인 십자가에 고정되어 있다. 그는 그 앞에 놓인 생명 잃은 몸과 그의 발이 가난한 자의 벌거벗은 아이 위에 놓여 있는 것을 알아채지 못한다. 예수회가 운영하는 산 살바도르의 중앙아메리카 대학에 걸려 있는 대주교 오스카 로메로의 그림이 암시하듯이, 로메로의 인권운동은 교회 안에서조차 상반된 반응을 불러일으켰다.

몇몇 비평가들은 가난한 자들을 위한 선택적 관심이 교회 선교의 보편성과 충돌하며 교회는 정치적 유착을 피해야 한다고 주장한다. 로메로는 자신의 생애를 통해 이 두 신학적 문제와 싸웠다. 사제로서 후에 주교로서 그는 평화와 일치를 소중히 했다. 엘리트들에 맞서서 가난한 자들과 억압받는 자들의 편에 서면서 해방신학은 초기에 로메로에게 분열을 일으키는 것처럼 보였다. 결국 진정한 평화는 정의를 필요로 하며 수동성은 현상유지에 도움이 되는 한 정치 행위만큼 정치적이라고 그는 결론을 내렸다. 그는 아래와 같이 기록한다.

가난한 자들의 세계는 우리에게 그리스도교 사랑의 본질이 무엇인지를 가르친다. 그 사랑은 분명히 평화를 추구하지만 거짓 평화주의─체념과 비활동의 평화주의─의 정체를 폭로한다.… 가난한 자들의 세계는 우리에게 숭고한 그리스도교 사랑은 다수를 위한 정의의 최우선적 필요에 대응해야 한다고 가르친다.[23]

바티칸은 오랫동안 해방신학과 그 지지자들을 의심의 눈으로

---

23) *Ibid.*, 184.

지켜봤다. 요제프 라칭거(Joseph Ratzinger)의 지휘 아래 바티칸의 이전에는 "거룩한 직무"로 알려졌던 교리 감시위원회인 신앙교리성(the Sacred Congregation for the Doctrine of the Faith)은 1984년에 "해방신학의 일부 측면에 관한 훈령"이라는 제목의 문서를 발간했다. 세계의 억압된 사람들의 해방에 대한 광범위한 열망이 "인간의 존엄성에 대한 모호하지만 진정한 인식"을 증명한다는 것을 용인하면서도, 그 문서는 몇몇 해방신학자들은 "충분히 비판적이지 않으면서, 마르크스 사상의 다양한 사조들로부터 개념들을 빌리고 사용하고 있다."고 비판한다. 또한 "하나님의 나라와 인간의 초월성의 진체 의미를 오해하면서 정치를 신성시하고 혁명의 계획을 위해서 민중의 종교를 드러내는 존재의 정치화를 조심해야 한다."고 주장한다. 그 다음 해에 라칭거는 유명한 브라질 신학자 레오나르도 보프(Leonardo Boff)에게 "순종하는 침묵"을 부과하며, 진보적인 가톨릭 신학자들에게 경고를 보냈다.[24]

최근에 바티칸의 관심은 로메로의 친구이며 조언자인, 존 소브리노의 신학으로 옮겨갔다. 2007년 3월 14일, 루틸리오 그란데의 30주년 추모일 이틀 전, 바티칸은 소브리노의 신학에 "공지"를 보냈는데, "잘못되고 위험한 주장들"을 담고 있다고 지적한다. 열네 쪽짜리 문서에서, 신앙교리성은 소브리노가 예수의 신성에 충분

---

[24] 이러한 발전에 관한 좀 더 자세한 설명은, Harvey Cox, *The Silencing of Leonardo Boff: The Vatican and the Future of World Christianity*(Oak Park, Ill.: Meyer-Stone, 1988)를 보라.

한 관심을 기울이는 데 실패했다고 단정지었다.[25] 그 공지는 라칭거에 의해서 승인되었는데, 그는 2005년 교황선출 후에 베네딕트 16세가 되었다.

최근 해방신학에 대한 다른 비판가들은 해방신학이 정통이 아니라고 주장하지는 않지만, 지나간 시대의 유물이며, 더는 현시대와 관계가 없다고 주장한다. 시대는 바뀌고, 해방신학을 일으켰던 조건들(독재, 마르크스 혁명, 냉전 등등)이 없기 때문에 해방신학의 설득력 있는 존재이유가 사라졌다는 것이다. 어떤 학자들은 세계 그리스도교의 미래는 사회정치적 해방과 인권을 위한 투쟁에 동참하는 분위기가 아니라 성서적 문자주의, 율법적인 개인 도덕, 그리고 계급적 형태의 교회와 정치권력으로의 회기에 있다고 한다. 그에 대한 반응으로, 소브리노는 이렇게 말한다. "해방신학의 기원, 취지, 방향은 사회주의에 있는 것이 아니라 가난한 이들과의 관계에서 일어나는 하나님 경험, 은혜와 긴박성의 경험이다. 그러므로 이 경험이 존재하고 개념화되는 한, 해방신학은 존재할 것이다."[26]

---

25) 흥미롭게도, 1977년에 일어난 그의 '회심' 이전에, 로메로는 로브리노와 다른 라틴아메리카 신학자들에 의해서 발전된 그리스도론을 "이성주의적이고, 혁명적이며, 또한 증오로 가득 찬" 것으로 특징지으며 비판했다. 그의 견해는 결국 바뀌었고, 그는 자신의 초기 견해들에 대해서 사과했다. Sobrino, *Archbishop Romero*, 4-6을 보라.

26) Jon Sobrino, "Preface," in *Systematic Theology: Perspectives from Liberation Theology*, ed. Jon Sobrino and Ignacio Ellacuría(Maryknoll, N.Y.: Orbis, 1996), ix.

계속되는 도전

살바도르의 예술가 나폴레온 알베르토 에스코토(Napoleón Alberto Escoto)에 의해 세워진 조각 드라곤(Dragon)은 세계인권선언 팜플렛이 찢어진 곳에 녹색 괴물이 서 있는 것을 표현하고 있다. 그 용의 등뼈는 총알로 만들어져 있고, 그 발아래에는 정의의 저울이 짓밟혀 있다. 그러나 그 용의 목에는 꾸마(cuma)ㅡ사탕수수 밭에서 농부들이 사용하는 휘어진 칼ㅡ에 의해 갈라진 틈이 있고, 그 무시무시한 괴물은 죽음의 고통 가운데 있다. 엘살바노르의 내전을 끝내는 평화협정을 맺고 1년 후인 1993년에 완성된 이 작품은 과거의 공포와 더 나은 미래의 가능성을 동시에 강조한다. 그 괴물은 여전히 살아 있지만, 치명상을 입고 있다.

전쟁이 끝난 후 많은 것이 변해서 나아졌지만, 중대한 도전들이 아직 남아 있다. 그 중의 하나가 역사와의 타협이다. 산 살바도르(San Salvador)의 중앙 공원인 꾸스카틀란(Cuscatlán) 공원에 있는 기념탑은 21년간의 정치적 억압과 내전의 희생자들을 기념한다. 검은 돌 벽에 에칭으로 새겨넣은 글자들이 살해되거나 '실종된' 수천의 개개인 이름들이다. 몇몇은 잘 알려진 이름들ㅡ여러 명 중에 오스카 로메로와 루틸리오 그란데ㅡ이지만 대다수는 익숙하지 않은 농민들과 노동자들의 이름이다. 그들은 사랑하는 사람들에게는 잊혀지지 않았겠지만, 역사에서는 거의 잊혀졌다. 그 벽은 워싱턴 D.C.에 있는 마야 린(Maya Lin)의 베트남 참전용사

기념 공원과 비슷한데 기억과 진리의 기념탑으로 불린다. 통행이 많은 길 아래 언덕의 중턱에 위치해 있는 이 벽은, 무명으로 남을지 모를 희생자들을 기억에서 지우려는 망각과 역사적 왜곡에 저항하는 지지대 역할을 한다. 이 희생자 명단의 끝에 붉은 글씨로 써 있는 말이 있다.("우리는 용서하지도 잊지도 않을 것이다. ─ 우리는 실종자들에 관한 진리를 요청한다.")

그러나 몇몇 살바도르의 사람들은 과거를 잊고 심지어는 지워버리려고 한다. 2007년에 집권 여당인 공화연합(ARENA)은 국가의 가장 영예로운 훈장인 히호 메리시시모(Hijo Meritisimo)를 여당의 창당자인 로베르토 드아우부이쏜(Roberto D'Aubuisson)에게 수여하는 법안 ─ 결국은 실패했지만 ─ 을 상정했다. 드아우부이쏜은 우파 암살단의 지휘관으로 로메로를 암살하라고 명령을 내린 사람이다. 드아우부이쏜은 그의 생애 동안 어떤 죄에 관해서도 유죄판결을 받지 않았는데, 후두암으로 1992년 사망했다. 실제로 전쟁기간 동안 인권유린을 저지른 대다수는 처벌을 받지 않았는데, 1993년 통과된 일반사면법의 결과였다.

폭력은 여전히 그 지역에 남아 있다. 내전 발발 몇 년 후 신뢰는 바닥이었는데 무기는 넘쳐났다. 엘살바도르의 살인율은 세계에서 가장 높다. 폭력의 대부분은 마라스(maras)라고 알려진 지역 폭력집단에 의해 저질러졌다. 그 용어는 마라분타(marabunta)로부터 유래했는데, 공격적인 개미 종의 이름이다. 흥미롭게도 마라스는 미국에서 살바도르의 전쟁망명자들과 그들의 자녀들에게서 시작되었다. 1990년대에 조직폭력에 관한 엄격한 단속은 수천 명의 문서 없는 이주 폭력 조직원들을 본국으로 추방시켰다. 마라스는 중앙아메리카에서 빠르게 재조직되었고 국제 마약 카르텔과 연결되었다. 폭력을 근절하려는 전쟁의 노력은 오히려 상황을 더 악화시켜왔다. 인권단체들은 철주먹(Mano Dura)이라고 알려진 엘살바도르의 폭력조직을 대하는 가혹한 잣대를 비판한다.

엘살바도르의 계속되는 인권문제의 근원에는 지속되는 부자와 가난한 자의 불평등이 자리잡고 있다. 엘살바도르는 중앙아메리카 자유무역협정(CAFTA)을 2003년에 체결했지만 경제적 성장의 결과는 불평등하게 분배되있다. 60% 이상의 농촌 살바도르 사람들은 집에 물이 부족하고, 전체 인구의 3분의 2 이상이 하루에 미화 2달러보다 적은 돈으로 목숨을 부지하고 있다.[27] 다른 '개발중인' 세계에서처럼 여기서도 아이들이 설사와 다른 예방가능한 질병들 때문에 죽는다.

투쟁은 계속된다

엘살바도르의 가난한 자들 사이에서 그는 벌써 **성자 로메로**가 되었으며 그 대주교의 유산은 계속 전해진다. 그의 추도식 오후에

---

[27] 우리는 중앙아메리카 대학의 "José Simeón Cañas"의 Dean Brackley 예수회 사제에게 빈곤예측 자료를 제공해준 것에 감사한다.

군중들이 아메리카 광장에 분단위로 급증하며 모여들었다. '예언자'로 명명된 민속음악 합창이 살바도르의 연주가 호르헤 팔렌시아(Jorge Palencia)에 의해서 연주되었다. 모두가 그 가사들을 알고, 합창으로 함께 불렀다.

그들은 예언자를 죽일 수 있다.
그러나 그의 정의를 향한 외침은 죽일 수 없고,
그들은 조용하라고 명령하겠지만
역사는 잠잠하지 않을 것이다.

새로운 대표들이 각 교구로부터 도착하면서 모인 사람은 일어서서 큰 박수갈채를 보냈다. 곧 그 주변은 사람들로 가득 찼고, 경찰들은 주변 도로와 교통을 막았다. 연례행사가 된 이 일에서 — 평등정치 시위와 사순절 행진 — 그들은 4열로 잘 정돈해서 대성당으로 행진했는데, 야외 미사가 집전될 예정이었다. 누군가가 성가를 시작했고, 모든 행진 참여자들이 바로 따라 불렀다. "우리는 가난한 자의 편에 서는 주교를 원한다."

오늘날 로메로는 인권투쟁뿐만 아니라 세계의 신앙인들이 벌이고 있는 투쟁에 기여하는 상징이 되었다. 엘살바도르나 남아프리카, 폴란드나 인도, 팔레스타인이나 티베트, 필리핀이나 짐바브웨, 남한이나 버마(미얀마)에서도 인권활동가들의 다수는 종교인들이고, 그들은 정치적 운동을 분명하게 종교적인 차원에서 받아들이고 있다.

　수천의 사람들이 행진에 참여했고, 그들의 분위기는 우울하다기보다는 축하하는 느낌이었다. 특별히 놀라운 것은 다수의 젊은 청년들의 참여인데, 그들은 로메로의 사망 이후 30년 동안 태어난 사람들이다. 밤이 되면서 매미의 소리는 전기톱의 구슬픈 소리로 커졌고, 병로켓은 소리를 내며 머리 위에서 폭발한다. 그러나 민중의 정신을 가장 잘 표현하는 것은 즉흥적인 부름과 응답 성가이다. "로메로는 살아 있다! 그 싸움은 계속된다!"

2장

▼
▼

인권이란 무엇인가?

 오스카 로메로와 같은 용감한 지도자들은 새로운 세대의 인권 옹호자들에게 영감을 주었고, 인권의 개념은 오늘날 원칙적으로는 광범위하게 인정받고 있다. 그렇지만 많은 사람에게 인권은 여전히 구현 가능한 실재라기보다는 이루기 어려운 이상으로 남아 있다. 더욱이 다른 인기 있는 이상들처럼 '인권'은 수사학적 함의가 담긴 문구이며 그 편재성이 적용에서의 근원적인 모호성을 감추고 있다. 정확히 인권은 무엇인가? 어떻게 권리는 의무와 관련되는가? 어떤 도덕적 혹은 법적 요구가 진정한 인권의 표현인가?

 이 장에서 우리는 인권 개념의 윤곽을 드러내는 지도를 대략적으로 그려내려 한다. 중앙아메리카에서 인권을 위한 실제적 투쟁에 초점을 맞춘 이전 장과는 달리, 이 장에서는 인권의 개념과 그 역사적 발전을 살펴볼 것이다. 강이나 논쟁중인 영토 경계의 지도처럼 우리의 지도는 임시적이며 개정의 여지가 있다. 그렇지만 이 지도는 복잡하고 변화하는 영역에서 자신의 위치를 정하는 데 도움이 될 것이다.

권리

인권 개념의 독특한 점을 좀 더 잘 이해하기 위해서 그 개념이 속한 유 개념(genus), 즉 권리 개념을 살펴보는 것이 도움이 될 것이다. 일반적으로 권리에 대한 논의는 적어도 세 가지 문법적 요소들을 포함하고 있다. 주체, 직접적 객체, 그리고 간접적 객체. 그래서 우리는 Z와 관련해서 Y에 대한 X의 권리를 말할 수 있다. X는 권리를 가진 사람, Y는 권리의 내용을 나타내며(권리의 대상), 그리고 Z는 그 권리를 책임지도록 요구되는 사람이나 단체이다. 예를 들어, 우리는 기자가 출판의 자유에 대한 권리를 정부에 요청하는 일을 생각해 볼 수 있다. X가 특정한 개인임에도 불구하고, Y에 대한 X의 권리는 전형적으로 큰 단체에 속한 X라는 개인(예를 들면, 자유 민주주의의 시민)의 자격이 부여하는 역할이다. 본질적으로 권리를 주장하는 것은 적절한 지위에 의해서 혹은 상응하는 기준에 부합할 때 받는 어떤 것을 요구하는 것이다.

권리논의에서 이러한 특징들을 고려할 때, 우리는 권리의 개괄적 정의를 제시할 수 있다. 당신의 권리는 다른 사람들이 의무로 만족시키거나 당신이 만족하도록 허용해야 하는 필요와 욕망과 관련된 자격(entitlement)이다. 이런 이유에서 권리는 소극적인 측면과 적극적인 측면 모두를 갖고 있다. 권리는 태만(ommission)이나 실행(commission)에 의해서 침해될 수 있다. 관습적으로 권리의 규범적 의미는 **내 권리는 다른 사람들의 의무를 필요로 한다**는 말로 표현된다. 그럼에도 불구하고, 이렇게 이해하는 방법은 많은 권리가 자유 혹은 면제의 형태를 갖는다는 점과(무엇을 하는 자유보다는 무엇으로부터의 자유), 다른 사람들에게 적극적 의무보다는 소극적 억제나 무자격을 필요로 한다는 것을 간과한다. 예를 들면, 나는 내 마당에 분홍색 홍학을 놓을 권리가 있을 때, 이 권리가 내 이웃에게 내 소유권을 존중하는 일반적 의무 외에 특별한 의무를 부과하는지는 불분명하다.

다른 측면에서, 개인의 권리가 그에 상응하는 요구를 다른 사람들에게 하지 않는다면 권리 개념은 무의미하게 된다. 예를 들어, 공공장소를 지나갈 때 반경 3m의 개인 공간을 갖길 원한다고 생각해 보라. 다른 사람들은 나의 이 특이한 선호를 존중해야 할 의무가 없기 때문에, 이 경우에 나는 내가 원하는 것을 가질 권리를 가졌다고 말할 수 없다. 우리가 **의무** 개념을 포괄적으로 사용한다면, 다시 말해서, 소극적 억제와 함께 적극적 의무를 포함한다면, 나의 권리는 다른 사람의 의무를 부과한다.[1] 이 공식에 의하

---

[1] 렉스 마르틴(Rex Martin)과 제임스 니클(James W. Nickel)은 모든 권리가 상대방에게 의무를 부과하는 것은 아니지만 "모든 진정한 권리는 권리소유

면, 의무는 우리가 다른 사람에게 지고 있는 빚과 관련이 있고, 권리는 다른 사람이 우리에게 지고 있는 빚과 관련이 있다.

권리와 의무는 개념적으로 연결되어 있지만, 권리논의는 의무논의로 혹은 의무논리가 권리논의로 단순하게 환언될 수 없다. 무엇보다도 권리는 의무를 부과하지만, 모든 의무가 권리를 불러오지는 않는다. 예를 들면, 나는 다른 사람에게 관대할 도덕적 의무가 있지만, 그 도덕적 의무가 내 관대함의 수혜 대상자에게 그 권리를 주지는 않는다. 이 예는 권리의 다른 특징들을 드러내는 데 도움을 준다. ─ 즉 권리는 근본적으로 개인들과 관련이 있으며, 다른 사람들로부터 합법적으로 **마땅히 받아야 할 것들**과 관련이 있다.[2] 어떤 학자가 얘기했듯이, 권리논의는 "'정의로운 것이 무엇인지'에 관해서 특정한 관점에서 논의하는 한 방법이며, 그 관점은 어떤 것이 마땅히 주어져야 할 사람들의 관점이며, 어떤 것이 부정된다면 그들은 부당하게 취급받는 것"을 말한다.[3] 더욱이, 정의에서 논의되는 좀 더 추상적인 요구들보다는 개인의 권리에 강조를 두면서 권리─논의는 본질적으로 최소주의이다. 무엇이 선한

자가 아닌 사람들의 행동에 대해 규범적인 명령을 포함해야 한다."고 주장한다. "Recent Work on the Concept of Rights," *American Philosophical Quarterly* 17:3(July 1980): 167. 이 같은 광범위한 의미에서 우리는 의무라는 용어를 여기서 사용한다.
2) 앞으로 보게 되겠지만, "소수자 권리"(group rights)로도 말할 수 있다.
3) John Finnis, *Natural Law and Natural Rights*(Oxford: Oxford University Press, 1980), 205.

것인가보다는 무엇이 받아들여질 만한가와 관련된다. 다른 말로 하면, 개인의 인권이 다른 사람에게 부과하는 의무는 규정된 것 이상을 요구하지 않는다. 다른 사람의 권리를 침해하거나 그들의 요구를 적절하게 해결하지 않는 것은 비난을 받을만하지만, 고용인이 피고용인들에게 강요되지 않고 동의한 계약에 의해서 임금을 주는 것처럼 다른 사람들의 권리를 존중하는 것은 특별한 칭찬이나 공적으로 간주되지 않는다.

인권 개념

많은 권리는 미국에서 대통령 선거에서 투표할 수 있는 권리처럼, 정치적이고 법적인 제도이며, 어떤 특정한 공동체에 우연하게 속한 개인들(이 경우에, 특정한 나이에 도달한 미국 시민으로 50개 주 중의 하나에 합법적으로 거주하는 시민들)에게 적용된다. 권리의 이런 특징 때문에 몇몇 이론가들은 권리가 본질적으로 정부가 부여하는 것이며, 권리를 갖는다는 것은 – 특수한 권리는 말할 것도 없이 – 한 정치공동체의 구성원 됨에 달려 있다고 주장한다. 법실증주의의 한 류인 이런 주장과는 다르게, 다른 학자들은 어떤 권리는 '자연적'인 것으로 – 개인 시민권 같은 우연적인 특징에 의존하지 않기 때문에 보편적으로 주어진다고 주장한다. 이 후자의 견해가 현대 인권 개념이 생겨난 철학 전통에 속한다.

인권 개념은 모든 인간이 서로 다름에도 불구하고 동일한 기본적 권리들을 갖고 있으며, 이 권리들은 서로에게 상호적인 의무를 부과한다는 것을 주장한다. 획득해야만 하는 권리들 혹은 특정 정치 공동체의 시민들에게만 유효한 권리들과 달리, 인권은 인간이 공유하는 생득권으로 인류공동체와는 구별되는 특정 정치공동체의 시민권에 의존할 필요가 없다. 이러한 권리를 갖는 것은 문화, 국적, 인종, 종교 등과 관련 없이 인간의 지위가 부여하는 기능이다. 그러므로 우선적인 (순전히 형식적인) 정의로, 인권은 모든 사람에게 해당되는 권리로 모든 인간이 (적절한 상황에서) 존중해야 할 의무를 지니고 있는 것이다.[4] 인권의 보편성은 두 갈래로 나뉜다. 누구나 모두에게 어떤 의무를 지니고 있다. 실제로, 앞으로 보겠지만, 인권은 (항상 정부에만 국한되지는 않지만) 주로 정부에 대해서 (개별적인 개인들에 대해서가 아니라) 주장할 수 있는 것으로 받아들여진다.

---

[4] 모든 인권이 모든 인간에게 의무를 부과하지는 않는다고 주장할 수 있다. 어떤 인권은 특정한 부류의 인간들에게만, 예를 들면, 정부에 있는 사람들에게만 의무를 부과한다. 유사하게, 상상할 수 있는 모든 인권이 모든 인간에게 속하는 것도 아니라고 주장할 수 있다. 어떤 인권은 가난한 사람, 여성, 혹은 아이들과 같은 특정한 사람들에게만 도움을 줄 수 있다. 그러나 이러한 인권에 관해 말하는 것은 단순하게 말하면, 이 인권들은 모든 인간이 특정한 상황에서 받는 것이라고 할 수 있는데, 즉 가난하거나 여성이거나 어린아이의 상황에서 받는 것이다. 같은 점이 또한 의무에도 적용될 수 있다. 정부가 당신에게 할 수 있는 것을 제한하는 인권은 모든 사람이 따라야 하는 의무를 부과하는데, 적합한 상황에서, 즉 그들이 그 정부의 구성원이라는 조건하에서만 가능하다. Perry, *The Idea of Human Rights*, 47을 보라.

발전

5장에서 다루는 인권사상의 중요한, 오래된 역사적 사건들이 있음에도 불구하고, 오늘날 우리에게 알려진 인권은 상당히 최근의 것이다. 유럽이 중요한 사회적 변혁을 경험하면서 인권은 계몽주의 시대에 두드러지기 시작했다.[5] 근대화 이전 사회에서 인간의 기본적 존엄성을 보호하기 위해서 고안된 기관들과 사회 제도는 근대화를 맞이하여 무너졌고, 개인은 품위 있는 삶을 살 수 있는 능력에 새로운 도전을 받기 시작했다. 한 학자가 말하길, "인간의 존엄성을 보호하고 세계에서 중요한 장소들을 인간에게 제공해 온 사회는 이제 근대 국가, 근대 경제, 그리고 근대 도시의 형태로 개인과 그 가족들의 존엄성을 공격하는 외부의 권력으로 나타났다."[6] 인권의 개념은 한 집단의 권위가 개인의 존엄성에 의해 제

---

5) 브라이언 티어니(Brian Tierney)는 인권 용어가 1150년경의 교회법에서 시작되었다고 주장한다. 예를 들면, Biran Tierney, *The Idea of Natural Rights* (Atlanta: Scholars Press, 1997); 그리고 Fred D. Miller, *Nature, Justice, and Rights in Aristotle's Politics*(Oxford: Oxford University Press, 1995)를 보라. 그러나 제프리 스타웃(Jeffrey Stout)이 지적하는 것처럼 권리 용어의 사용은 점진적으로 발전되었고 그것이 이전에 사용되던 방식의 특정한 역할에 한정되지 않는다. Jeffrey Stout, *Democracy and Tradition* (Princeton: Princeton University Press, 2004), 204-205를 보라.
6) Jack Donnelly, "Human Rights and Human Dignity: An Analytic Critique of Non-Western Conceptions of Human Rights," *American Political Science Review* 76:2(June 1982): 312.

한된다는 확신과 함께 앞서 언급한 근대의 도전에 대한 반응으로 생겨났다.

근대성과 계몽주의는 권위와 그 정당화에 대한 새로운 태도에 의해서 특징되는데 전통적인 제도와 직무들은 점점 더 비판의 대상으로 여겨지게 되었다. 인권 개념은 개인의 입장에 서서 정치적 정당성과 국민 주권이라는 새로운 개념들을 초래한다. 중요한 점은, 이러한 발전은 그 시대의 정치 철학뿐만 아니라 그 철학이 출발점으로 삼는 정치적이고 사회적인 관습의 반영이기도 하다는 것이다. 언어는 관습에서 그 의미를 끌어내며, 인권의 언어도 예외가 아니다. 아네트 바이어(Annette Baier)는 인권 개념의 발전은 단순히 로크(Locke)나 루소(Rousseau)의 사회 계약 이론에만 관련된 것이 아니라—좀 더 중요한 것으로—권력이 없는 사람들이 권력자들에게 구걸하기를 꺼려하는 반항과도 관련이 있다.

> 보편적인 권리를 인정하는 인간 정의의 형태의 조건들은—우리가 권력자들에게 기부금을 요청했을 때—그것이 주어진다고 하더라도 구걸하는 데 아주 소극적인 자발성이나 요청하기를 꺼려하는 무시할 수 없는 반항을 포함한다. 권리를 통해서 우리가 우리의 것으로 간주하는 것은 우리가 구걸하고 싶어 하지 않는 것들 그리고 우리가 허용할만한 자발성으로 '감사하다'고 말할 수 있는 것들이다.[7]

근대에서 중세의 가장 높은 덕목인 자선조차도 비판적 재평가의 대상이며 개인의 권리를 주장하는 습관은 점점 권력자에게 구걸하는 관습을 대체하기 시작했다. 자아에 관한 새로운 개념 – 양도할 수 없는 권리를 소유한 고귀한 존재 – 이 나타나기 시작했다.[8]

20세기의 인권

20세기 중반에 들어서야 인권 담론이 대중들의 논의에 들어왔다. 이전 세기처럼 언어의 발전은 사회 조건과 관습의 발전을 반영했다. 20세기는 모든 인류의 역사에서 가장 잔혹한 시기로 또한 대의의 시기로 불린다. 새로운 이데올로기, 새로운 사회 제도, 그리고 새로운(또한 치명적인) 기술의 부상과 함께 인간의 존엄성은 다시 전례 없는 침해를 당했다.

유대인 대학살과 제2차 세계대전의 악몽을 (실제로 언급하지는 않지만) 암시하며 세계인권선언의 서문은 "인권의 무시와 경멸은 잔인한 행동들을 유발했는데 인류의 양심에 충격을 주었다."라

---

7) Annette C. Baier, *Moral Prejudices*(Cambridge, Mass.: Harvard University Press, 1994), 225–226.
8) 인권이론이 개인에게 어떤 도덕적 우선성을 부여하며 공동체에 대한 비판을 가능하게 하지만, 자아의 개념을 개인주의적이거나 선천적으로 개별화된 것으로 이해될 필요는 없다. 개인을 중요하게 여기는 인권이론에서도 개인은 사회적으로 형성되고 사회에 속한 존재로 이해된다. 이점에서 우리는 섬너 트위스(Sumner B. Twiss)에게 빚지고 있다.

고 진술한다. 틀림없이 그 충격에서 나온 가장 중요한 도덕 선언서, 세계인권선언은 1947년과 1948년에 입안되었고, 1948년 12월 10일에 유엔에서 공식적으로 채택되었다.[9] 이 선언은 "모든 민족과 모든 국가가 이뤄야 할 공동의 기준"을 제시하는 30개의 조항으로 구성되어 있다. 이 선언이 암시하는 보편성은 각 조항에서 사용되는 용어에 의해 강화된다. 거의 모든 조항은 **각 사람마다**라는 단어 혹은 **모든 인간**이라는 문구와 함께 시작한다.(혹은, 면제가 쟁점인 곳에서는 **누구도**) 이곳에서 열거된 권리들은 전 세계적으로 적용되도록 제시되었고, 유엔 총회에서 이 선언문에 반대한 국가들은 없지만, 사우디아라비아, 남아프리카, 그리고 구소련 중심의 공산권 국가들이 기권했다는 것을 지적할 필요가 있다. 최근 벌어진 만행을 암시하고 있지만, 그 선언서는 낙관적인 문서로 "인간이 언론과 신앙의 자유 그리고 두려움과 결핍으로부터의 해방을 누릴 세계의 도래를" 기대하고 있다.[10]

그 선언서에서 제시된 권리들 중에는 아래와 같은 것들이 있다.

---

9) 인종학살 범죄의 방지와 처벌에 관한 협약은 하루 전인 1948년 12월 9일에 채택되었다. 미국이 1988년까지 그 협약에 서명하지 않았지만, 1951년부터 효력이 시작되었다.
10) 이 인용은 프랭클린 루즈벨트 대통령이 1941년에 한 유명한 연설에 속한 것으로 그는 사람들이 네 가지 기본적인 자유를 소유한다고 주장했다. 언론의 자유, 종교의 자유, 공포로부터 자유, 그리고 결핍으로부터의 자유이다. 엘리너 루즈벨트는 유엔 인권위원회의 위원장이었고, 그 위원회는 인권선언의 초안을 작성했다.

- 생명의 권리
- 노예 상태로부터의 자유
- 고문으로부터의 자유
- 법 앞에서 동등하게 보호될 자유
- 이주의 자유
- 사유 재산의 권리
- 양심과 종교의 자유
- 집회의 자유
- 일할 권리
- 교육받을 권리

그러나 세계인권선언은 인권의 모든 것을 포괄하거나 남김없이 다 언급하지 않는다. 오히려 전지구적 공동체의 열망을 드러내면서, 앞으로의 국제적 결의, 협약, 규약, 협정, 그리고 다른 인권의 비준을 위한 발판을 제시했다.

법률적 구속력은 없지만, 이 선언은 중요하다. 다른 이유들보다도 국제인권법의 체계적 체제를 발생시켰고 본질적으로 도덕적인 이상을 정치적 실체로 변형시켰기 때문이다. 세계인권선언에서 열거된 권리에 법적인 책임을 부과하기 위해서 1966년 유엔은 두 가지 추가적인 규약을 채택했다. 시민적·정치적 권리에 관한 국제규약(ICCPR), 그리고 경제적·사회적·문화적 권리에 관한 국제규약(ICESCR)인데 1976년부터 효력을 발휘했다. 전자는 표현의 자유, 무죄추정의 권리, 그리고 사생활 보호의 권리 등과 같은 권리들을 포함한다. 후자는, 예를 들면, 안전근로조건을 가질 권리, 노동조합에 가입할 권리, 그리고 음식, 의복, 숙소를 가질 권리들을 포함한다. 세계인권선언, 시민적·정치적 권리에 관한 국제규약, 그리고 경제적·사회적·문화적 권리에 관한 국제규약을 통틀어서 '국제인권장전'(the International Bill of Rights)이라고 한다.

인권의 '세대들'

직이도 인권이 추상적인 개념으로 받아들여졌을 때는 말로만 인권을 언급해도 정치적인 이득을 보는 것으로 증명되었는데, 국제 공동체에서는 어떤 권리들이 실제로 진정한 인권인지에 관해서 많은 논쟁이 있었고 몇몇 나라들은 국제 인권법에 매이는 것을 거부했다. 미국은 1992년까지 시민적·정치적 권리에 관한 국제규약을 비준하지 않았고, 경제적·사회적·문화적 권리에 관한 국제 규약은 전혀 비준하지 않고 있다.[11]

시민적·정치적 권리규약과 경제적·사회적·문화적 권리규약,

---

11) 미국은 1977년에 ICESCR을 서명했지만 비준하지는 않았다.(서명은 한 국가가 그 조약의 내용에 만족한다는 뜻이고, 비준은 두 번째 단계로서 한 국가가 그 조약의 내용에 따를 준비가 되었다는 것을 의미한다. 미국에서 대통령은 서명을 하고 상원은 비준에 동의해야만 한다.) 미국과 중국은 안전보장이사회에서 이 규약을 비준하지 않은 두 이사국이다. 영국은 두 규약을 1976년에 비준했다.

이 두 개의 구별되는 인권규약이 존재하는 이유에 대한 설명은 부분적으로는 서구 자유 민주주의와 (이전의) 마르크스주의 국가들이 설정한 우선권의 차이에 근거한다. 일반적으로 정치적 권리규약(ICCPR)은 전자의 관심을 반영하며, 사회경제적 권리규약(ICESCR)은 후자의 우선권을 반영한다. 그 이후로 추가적인 규약들이 구체적인 계층의 사람들과 국제인권장전에 적절하게 다뤄지지 않은 문제들을 해결하기 위해서 만들어졌는데, 여성과 아이들 권리에 대한 규약(Conventions on the Rights of Women and Children)과 발전할 권리에 대한 선언(Declaration on the Right to Development) 등이 포함된다.

많은 학자가 세 '세대'의 인권을 포함하는 인권의 발전에 대해서 이야기한다. 첫 세대는 시민적이고 정치적인 권리들로, 사유재산을 가질 권리, 언론의 자유, 그리고 투표의 자유 등을 포함한다. 이 범주의 권리들은 인간들이 개인으로서 누려야 하는 것들이며 주로 그들의 정부와 관련해서 주장되는 권리들이다. 그래서 이 권리들은 근대시대에 국가가 했던 중요한 역할들을 반영한다. 그 권리들은 인권의 첫 번째 세대로 불리는데 상당히 초기에(예를 들면, 존 로크와 독립선언서와 미국권리장전의 입안자들에 의해서) 그 중요성이 인정되었기 때문이다.

인권의 두 번째 세대는 경제적·사회적·문화적 권리들을 포함하는데, 교육의 권리, 생계비를 벌 권리 등이 포함된다. 시민적·정치적 권리와 다르게, 이 두 번째 세대의 인권은 보호하기가 더 어려운데, 그 이유는 그 권리들이 단순히 자유나 면제와 달리 적극적인 권리이기 때문이다. 그 권리들의 실현은 학교, 병원, 노동조합 등의 사회적 단체들에 의존한다.[12] 더욱이 전형적으로 정부에 요구되었던 인권의 첫 번째 세대와 다르게 두 번째 세대의 인권을 보장할 분명한 대상이 없다.

현재 인권의 세 번째 세대를 형성하는 초기단계라는 국제적 공감대가 이뤄지고 있다. 이 권리들은 다른 권리들과 구별된다. 그 이유는 이 권리들이 개인들에게 직접적으로 관련되기보다는, 어떤 그룹의 사람들에게 적용되기 때문이다.[13] 예를 들어, 임의체포나 고문과 다르게 이 권리들은 고립된 개인보다는 더 많은 사람을 위협하는 문제들을 다룬다. "공동체의 권리"(group rights)의 몇 가지 예는 평화를 누릴 권리, 건강한 환경을 가질 권리, 그리고 경제적 발전을 이룰 권리 등이다.[14] 이 범주의 좀 더 중요한 권리들

---

12) 물론 다양한 기구들이 1세대 인권을 포함한 모든 인권의 실현에 필수적이다.
13) 이 점은 논쟁 중이다. 어떻게 추상적인 한 그룹이 권리를 가질 수 있는가 하는 의문을 가질 수 있지 않은가? 캐롤 굴드(Carol C. Gould)는 "그룹 권리가 특정한 통일체를 이루는 그룹에 해당하며 그룹 인권이 그 그룹의 구성원인 개인들의 권리로부터 유래하는데, 그들은 그 그룹에서 분리되지 않는 한 그룹 인권을 소유한다."고 주장하며 문제를 해결하려고 한다. Carol C. Gould, *Globalizing Democracy and Human Rights*(New York: Cambridge University, 2004), 124.
14) 그러나 권리의 개념은 그러한 도전을 해결할 수 있는 유일한 - 혹은 가장 적합한 - 도덕적 범주가 아니다. 예를 들어, 권리가 권리 소유자 없이 존재하지 않는다면 (아직 태어나지 않은) 미래 세대들을 위한 환경 정책들을 손

은 소수자와 토착민들의 권리이다.

모든 권리 선언서는 궁극적으로 각 시대의 산물로, 그것이 빠뜨린 것과 더불어 그것이 포함한 것 또한 중요하다. 예를 들어, 국제권리장전은 그 열망에서 세계적이지만 성차별적 언어를 사용하고 성적 지향에 대해 아무런 언급도 하지 않는다. 가족에 대해서 국제권리장전이 얘기하는 것은 의심할 여지없이 20세기 중반의 서구 사회 규범을 반영한다. 인권 자체가 보편적이라고 하더라도, 인권이 공표해온 선언문은 역사를 두고 발전해온 것이 그리 놀랄 만한 일은 아니다.

집행과 기소

국제인권법의 성문화(codification)가 지난 반세기 동안의 주요한 업적이라고 한다면, 인권을 실현하는 데 가장 큰 장애물은 집행할 적절한 기구가 없다는 것이다. 현재 정치적 인권규약과 사회경제적 인권규약과 같은 조약에 열거된 권리들의 주요 보증 주체는 조약 가맹국 국가들이다. – 이 합의는 국가의 주권을 인정하지만 인권의 실행에서 국가 간의 상당한 편차를 허용한다. 많은 인

상시키는 영향력들은 다른 용어를 통해서 더 잘 해결될 수 있을 것이다. 그 경우에도, 몇몇 학자들은 '미래 인격들'의 '권리'에 관해 이야기하는 것이 가능하다고 주장한다. 예를 들면, Jeffrey Reiman, "Being Fair to Future People: The Non-Identity Problem in the Original Position," *Philosophy and Public Affairs* 35:1(2007): 59-92를 보라.

권감시자는 "국가들이 인권의 수행을 위한 필요한 대리인이면서 동시에 주요 침해자, 혹은 인권침해의 공모자라는" 역설에 대해 이야기해왔다.[15] 유엔이 하는 역할은 대체로 관리 감독이다. 유엔의 가장 중요한 인권 기구인 인권이사회(Human Rights Council)는 국가가 저지르는 인권 침해 기소사건들을 검토하는 다양한 국가들의 대표들로 구성되어 있다.[16]

유엔의 다양한 다른 재판 기구들, 인권위원회(정치적 인권규약의 경우)와 경제적·사회적·문화적 인권위원회(사회경제적 인권규약의 경우)를 포함한 유엔의 다양한 다른 재판 기구들은 국가나 개인들에 의해서 보고된 침해 주장들을 기록하고 검토하지만 조사를 시작하거나 그 자체로 행동을 취할 수 없다. 종종 국가가 국제법을 따르는 주요 동기는 국제기구의 직접적인 압력이라기보다는 대중 여론의 압박이다.

국제적인 '경찰'이 없는 상황에서, 인권법 기구는 일관성 있는 집행을 할만한 효과적인 구조를 갖지 못했음에도 불구하고, 지난 몇 해 동안 국제법을 심각하게 위반한 개인들을 고소하는 역할을 담당한 재판 기구들을 만들었다. 로마규정(the Rome Statute)이라

---

15) David Beetham, "Human Rights as a Model for Cosmopolitan Democracy," in *Re-Imagining Political Community: Studies in Cosmopolitan Democracy*, ed. Daniele Archibugi, David Held, and Martin Köhler (Stanford, Calif.: Stanford University Press, 1998), 58.
16) 인권이사회는 과도한 정치화로 인해서 비판을 받았던 이전의 '유엔인권위원회'(Human Rights Commission)를 대체하기 위해서 2006년에 설립되었다.

는 국제조약 아래, 국제형사재판소(the International Criminal Court)가 헤이그에서 설립되었는데, "국제 사회 전체와 관련된 가장 심각한 범죄들", 즉 인종학살, 인류에 반하는 범죄, 전쟁 범죄, 그리고 침략 범죄 등을 다루기 위해서이다. 그 조약은 1998년 120개국에 의해서 채택되었고 2002년에 효력을 발휘하기 시작했다. 그 재판권이 제한되어 있고 이전의 다른 선언과 조약들에 열거된 많은 권리를 포함하고 있지 않지만, 국제형사재판소는 국제인권법을 실현하는 중요한 전진을 의미한다. 그러나 중국, 이라크(사담후세인의 통치일 때), 이스라엘, 리비아, 카타르, 그리고 예멘과 함께 로마규정에 반대표를 던진 미국은 국제형사재판소를 강력하게 반대하고 있다.[17]

풀뿌리 조직들

국제법이 당면하고 있는 계속되는 도전에도 불구하고 인권 개념은 굉장히 매력적이며 또한 강력한 도덕적 이상으로 남아 있다. 그것은 수많은 인권비정부기구들(NGOs)과 풀뿌리 공동체들의 활동들을 통해서 입증된다. 최근 수십 년 동안 인권 개념은 국제사면위원회(Amnesty International), 국제인권감시단(Human Rights

---

17) 부시 행정부는 자신의 재판관할 지역에서 범죄자로 기소된 미국 시민들을 국제형사재판소(ICC)에 양도하지 않아도 되는 '면책 조약'에 다른 국가들이 서명할 것을 요구했다.

Watch), 그리고 다른 조직들의 활동과 긴밀하게 연결되어 왔다. 인권전문가들과 상근법률가들을 고용하면서 인권기구들은 인권의 대중적 지지를 얻을 수 있게 되었다. 전 세계에 걸쳐 관심 있는 지원자들과 재정 기부자들의 네트워크를 형성하며, 인권기구들은 인권활동의 (개인적이며 또한 재정적인) 비용들을 배분하는 데 도움을 주었다. 1961년에 영국 법률가 피터 베넨슨(Peter Benenson)에 의해서 설립된 국제사면위원회는 양심수들과 인권침해의 희생자들을 위해서 조직된 편지쓰기(이메일 보내기)로 유명하며, 그 지부들은 세계 곳곳의 대학 캠퍼스와 공동체에서 발견된다.

이러한 풀뿌리 노력들의 성공은 대중의 여론이 그런 문제들에 대해서 할 수 있는 역할들을 드러낸다. 정부가 대중의 반발을 피하려고 하는 욕망은 종종 인권을 옹호하는, 현실적이고 강력한 유인으로 작동한다. – 물론 대중운동은 인권 이념의 지속되는 권위와 정당성에 좌우되는 연약한 것이기도 하다.

계속되는 발전

이번 장에서는 인권 개념의 역사에 관해서 간략하게 윤곽을 그렸다. 몇몇 회의론자들은 인권 개념이 역사를 가지고 있다는 바로 그 이유 때문에 보편적 인권의 존재를 부정한다. 그 한 회의론자인, 걸출한 철학자 알라스데어 매킨타이어(Alasdair MacIntyre)는 주장하길, 권리는 "사회적으로 확립된 일련의 규칙들의 존재를

… 전제로 한다. 그러한 일련의 규칙들은 특정한 역사적 시기에 특정한 사회적 환경에서만 존재한다. 그들은 인간 조건의 보편적인 특징들이 될 수 없다."[18] 매킨타이어에 의하면, 인권은 "마녀 혹은 유니콘"과 비교되는 "허구이다."[19]

그러나 인권사상이 역사를 가지고 있다는 사실이 반드시 인권은 단지 역사적 가공품이나 '구성물'이라는 결론으로 이끌지 않는다. 그러한 권리 논의가 이해될 수 있는 사회적 조건 밖에서 권리 논의를 할 수 없는 것은 맞지만, 그러한 이해 조건을 가지고 다른 시간과 장소에서 존재하는 권리에 대해 이야기할 수 있다.[20] 4장에서 좀 더 자세하게 논의하겠지만, 구체적인 역사적 조건 안에서도 보편적으로 진실한 것을 추구하는 주장들은 가능하다.

인권은 시간과 장소를 초월해서 소유할 수 있다고 말하지만, 인권사상—그리고 이 사상이 표현되는 언어—은 보편적일 수 없고 역사와 무관할 수 없다. 다른 모든 도덕 담론들처럼, 다양한 역사적인 영향에 대한 반응으로 인권도 특정한 시기와 장소에서 발전되었으며 특정한 관습에 의존한다. 이것들이 **무조건적인** 권리를 논의할 수 있는 조건들이다.

인간의 존엄성을 침해하는 위협이 바뀌어가면서, 인권 담론과

---

18) Alasdair MacIntyre, *After Virtue*, 2nd ed.(Notre Dame, Ind.: University of Notre Dame Press, 1984), 67.
19) *Ibid.*, 70, 69.
20) 이 주장이 여전히 낯설다면, '권리'의 자리에 '쿼크'(quarks)를 집어넣어 보라.

실천 또한 변화해야 한다. 지난 60여 년간 인권을 생각하는 새로운 방법들과 인권을 보호하는 새로운 기구들이 발전되었다. 그럼에도 불구하고 거대한 도전들이 상존한다. 인권의 사회기반구조는 개인을 그(녀)의 정부로부터 보호하는 것으로 최적화되었다면, 현재 세계화되는 세계에서 인권 침해의 위협들은 (정부가 계속해서 침해의 상위를 차지하고 있지만) 점점 더 다른 곳으로부터 오고 있는데, 다국적 기업으로부터 테러조직까지 포함한다. 우리가 보아 왔듯이 이러한 위협들은 개인들뿐만 아니라 공동체를 위험에 빠뜨린다. 그래서 세계인권조직의 창설과 유지는 우리가 서로에게 도덕적으로 법적으로 책임을 지는 새로운 방식을 요청한다.

3장

인권과 그 기초의 문제

"모든 인간은 존엄성과 권리에서 자유롭고 동등한 존재로 태어난다. 그들은 이성과 양심을 선천적으로 타고났으며 연대의 정신으로 서로를 대해야 한다." 이 표현은 세계인권선언의 제 1조에서 온 것인데, 놀랄만한 주장을 한다. 국적, 인종 혹은 민족, 경제적 계급, 성, 성지향성, 종교, 사회관계, 그리고 우리 자신과 구별되는 그 어떠한 차이에도 불구하고, 우리 각자는 존엄성을 소유하고 있고, 단지 인간이라는 이유 하나로 존중과 돌봄을 받을 가치가 있다.

세계인권선언에서 주목해야 할 점은 인간이 소유하는 존엄성의 근거를 밝히지 않는다는 점이다. 인권 분야에서 잘 알려진 이슬람 학자인 압둘라히 아메드 안나임(Addullahi Ahmed An-Na'im)이 언급했듯이, "존엄성과 권리에서 모든 인간이 평등하다는 구체적인 근거를 종교적이든 세속적이든 관계없이 생략한 것은 그 선언에서 합의를 이루려는 관심 때문에 그 문제를 피하려는 의도였다." 그러나 지금은 안나임은 덧붙이기를, "인권의 도덕적 혹은 철학적 근거에 대한 질문은 대답하기 어려운 문제이면서도 이러한 권리들을 구체적으로 실현하는 데 중요한 문제로 남아 있다."[1]

인권을 비판하는 사람들에게 세계인권선언이 그 근거의 문제에 침묵하는 것은 인권선언의 도덕적 요구들이 근거 없으며 ─ 근거는 존재하지 않는다는 증거이다. 그래서 알라스데어 매킨타이어(Alasdair MacIntyre)는 통렬하게 비판한다. "1949년 유엔의 세계인권선언에서 유엔이 엄격하게 다뤄져야 할 주장들에 대해서 충분한 근거를 대지 않은 것이 유엔의 일반적인 관행이 되었다."[2] 본 장에서는 인간의 존엄성 주장에 대한 충분한 이유를 제공하려고 시도하지 않는다. 다만, 좀 더 선행적인 질문, 이 근거들이 어떤 형태일지 ─ 인간 존엄성(거기서 파생된 인권)의 정당화가 취할 형태에 관한 질문을 탐색한다. 뒤이은 장들은 그 설명에 대한 윤곽을 그리는 일을 담당할 것이다.

---

1) Abdullahi A. An-Na'im, "The Synergy and Interdependence of Human Rights, Religion, and Secularism," in *Human Rights and Responsibilities in the World Religions*, ed. Joseph Runzo, Nancy M. Martin, and Arvind Sharma(Oxford: Oneworld, 2003), 28.
2) MacIntyre, *After Virtue*, 67.

도덕적 정당화: 개념 그 자체

매킨타이어의 비판에 깔려 있는 가정은 도덕적 요구는 충분한 근거가 제공될 때, 우리의 존중과 헌신을 받을 가치가 있다는 것이다. 우리가 필요로 하는 것은, 그가 생각할 때, 다른 사람들을 돌보는 **이유들**이다. 그러나 그 주장 자체가 자명한 것은 아니다. 공항에서 쓰러진 한 사람을 생각해 보자. 다른 사람들은 그(녀)를 돕기 위해서 달려갈 것이다. 우리는 이런 사람들을 존경할 것이며, 절망을 희망으로 바꾼 영웅들이라고 부를 것이지만, 우리는 보통 그들의 행동이 정당화가 필요하다고 생각하지 않는다. 오히려 돕기 위해서 멈추지 않고 지나가는 사람에게 우리는 그 행동에 대한 설명을 요청할 것이다. "그가 무슨 잘못을 했죠?"라고 그 사람에게 물을 것인데, 그의 관심 부족이 인품의 결함이나 사람됨(human wholeness)의 결핍을 암시한다.

여기서 생각해야 할 중요한 점이 있는데, 그것은 도덕적 문제를 생각하는 데 본능적이고 전사고적인 행동이 중요한 역할을 한다는 사실과 관련된다. 루드비히 비트겐슈타인(Ludwig Wittgenstein)은 말하기를, "그에게 하는 나의 태도는 영혼에 하는 내 태도이다. 나는 그가 영혼을 가지고 있다고 **주장하지** 않는다."[3] 그가 의미하는 바는 다른 사람의 인간성에 대한 인식 그 자체는 우리가 반응

---

3) Ludwig Wittgenstein, *Philosophical Investigations*, trans. G. E. M. Anscome (Englewood Cliffs, N.J.: Prentice Hall, 1958), 2:178.

하는 방법에 의해서 드러나며, 이 반응들은 우리가 독립적인 근거에 바탕을 두고 채택한 '이론'의 결과가 아니라는 것이다. 물론, 도덕성은 합리적 숙고를 포함하지만 다른 사람들에 대한 도덕적 반응은 (정당화 요구를 포함하는) 그런 숙고가 의미를 갖고 중요성을 갖는 조건을 제공한다.

사실 어떤 도덕적 요구들을 회의적으로 바라보는 한 이유는 그 요구들이 우리의 교육받지 않은 도덕적 직관에 일치하지 않거나 그 직관을 이해할 수 있게 만들지 못하기 때문이다. 예를 들면, 어떤 동물 권리 옹호자들은 "육식은 살해이다"라는 표어를 사용한다. 그 표현의 설득력은 우리가 보통 사용하는 살해의 개념으로부터 나온다. 이 표어는 식사를 위해 동물을 도살하는 것과 다른 인간들을 살해하는 것의 유비를 사용한다. 그러나 이 표어를 사용하는 사람들은 실제로 그들이 말하는 것을 의미할 수 있는가? 우리의 도덕적 반응은 그 표어가 거짓임을 드러낸다.[4] 닭이나 물고기에게 하는 반응은 (영혼이 무엇인지에 대한 '이론'과는 상관없이) 한 영혼에게 반응하는 것과 다른데, 그것은 의식이 없는 물체에 대한 반응과는 또 다른 것이다.[5]

---

4) 혹자는 그 선전 문구가 자신이 기생하고 있는 그 주장의 파괴력을 약화시킨다고 걱정할 것이다. 비슷한 맥락에서 그리 매력적이지 않은, 정치적으로 모멸적인 말인 국수주의자와 나치라는 용어들이 사용되었다.
5) 인간은 사실상 고통당하는 (인간이 아닌) 동물들을 보고 감정의 변화를 느낀다는 것이 중요하다. 물론 각각의 동물들과 그들의 고통에 대한 인간의 반응은 다양하다. 우리 삶에 보이는 침팬지, 개, 소, 그리고 바퀴벌레들을

인간의 존엄성에 대한 우리의 의식은 우리가 실제로 다른 인간들에게 어떻게 반응하는지와 깊이 관련되어 있다. 그러나 이 관계를 우리가 어떻게 이해해야 할까? 하나의 가능성은 우리가 존중하면서 그들을 대하기 **때문에** (혹은 대하는 한) 인간은 존엄성을 갖고 있다고 말할 수 있다. 저명한 법 이론가인 로날드 드월킨(Ronald Dworkin)은 이러한 논점을 찬성하는 듯 보이는 이야기를 한다.

한 인간 유기체의 삶은 존경과 보호를 명령한다.… 왜냐하면 그 유기체는 복잡한 창조적 투자를 의미하기 때문이고 오래된 것으로부터 새로운 삶을 창출하는 과정에서, 국가와 공동체와 언어… 그리고, 마지막으로… 인간의 내적 창조와 분별의 과정에서 느끼는 경이감 때문이다.[6]

이 설명에서, 인간의 "성스러움"은 우리 안에서 일어나는 놀라움과 경외를 불러일으키는 역할을 한다.[7]

그러나 마이클 페리(Michael Perry)는 인간의 존엄성과 우리의 반응의 관계를 그렇게 보는 것은 인권을 생각하는 근거로 적합

대하는 우리의 각기 다른 '반응들'을 생각해 보라.
6) Ronald Dworkin, *Life's Dominion: An Argument about Abortion, Euthanasia, and Individual Freedom*(New York: Vintage, 1994), 84.
7) 드월킨에게 신성함은 종교적인 개념만이 아니다. 그것은 존엄성 혹은 비도구적 가치를 의미한다.

하지 않다고 주장한다. 가톨릭 신자로 법학자이며 철학자인 페리는 인간이 놀라움을 불러일으킨다거나 인간이 성스럽다는 드월킨의 주장을 반박하지 않는다. 그러나 페리는 인간의 성스러움을 인간의 경이로움에서 끌어내는 드월킨의 시도에 의문을 품는다. 페리는 "어떤 것이 경이감을 불러일으키기 때문에 또는 우리가 가치를 부여하기 때문에 성스럽다고 주장하는 것은 사물의 일반적인 순서를 뒤집는 것이다."라고 말한다.[8] 페리는 더 나아가서 이렇게 말한다.

> 드월킨은 "성스러움"을 강한 혹은 "객관적인" 의미에서 ─ 어떤 것이 성스럽기 때문에 그래서 우리에게 경외를 불러일으키고 중요한 가치를 부여한다. ─ 이해한다기보다는 약한 혹은 "주관적인" 의미에서 사용하는 것처럼 보인다. ─ 어떤 것이 (예를 들면, 인간 생명) 우리에게 경외를 불러일으키며 우리가 중요한 가치를 부여하기 때문에 그러한 의미에서 그것이 성스럽다.[9]

페리에게 반응은 너무 주관적인 근거여서 그것만으로는 인간의 존엄성의 개념을 세우기에는 부족하다. 우리가 기대하는 반응을 보이지 않는 사람들에게, 예를 들면, 자신들과 다른 사람들을

---

8) Perry, *The Idea of Human Rights*, 27.
9) Ibid., 28.

경멸하며 반응하는 사람들에게 우리는 무엇을 말해야 할 것인가? 페리에게는 인간이 객관적인 의미에서 성스럽고, 그렇기 때문에 그 성스러움은 다른 사람들을 존중하며 대해야 할 이유의 역할을 한다.

여기에 철학적 난제가 있다. 인간의 존엄성이 인간의 반응에 전적으로 의존한다면, 우리는 (실제로 인간이 어떻게 취급당하는지와 관련 없이) 인간이 존중을 받아야 한다는 근거를 상실한다. 그러나 인간 존엄성이 인간의 반응에 무관하며 논리적으로 선행하고 인간의 반응은 인간 존엄성에 대한 응답이라고 한다면, 그러한 존엄성의 개념이 어떻게 이해될 수 있고 옹호될 수 있는지 분명하지 않다. 이 경우는 "육식은 살인이라"는 주장처럼 우리의 직관으로부터 유리되어 표류하게 될 것이다. 이 딜레마를 해결하는 데 도움을 받기 위해서 우리의 도덕적 반응과 그 반응이 순전한 생리적 반응과 어떻게 다른지를 더 살펴볼 것이다.

본능: 도덕적인 것과 생리적인 것

찰스 테일러(Charles Taylor)에 따르면, 어떤 도덕적 반응은, 다친 사람들을 돕기 위해서 오는 성향을 포함해서, "매우 심오하고, 강력하며, 보편적"이다.[10] 그러한 반응은 분명히 '본능적'이지

---

10) Charles Taylor, *Sources of the Self: The Making of the Modern Identity* (Cambridge, Mass.: Harvard University Press, 1989), 4.

만, 자신의 문화에 의해 형성된다. 도움을 주라는 요청은 모든 문화에서 감지되는데, 문화들 사이에서(혹은 그 안에서) 무엇이 요구되는지에 대한 범위에 관해 불일치가 있을 수 있으며(실제로 있다.), 그 의무는 한 계급, 부족, 인종, 종교 등의 구성원들에게만 해당되는 것인가? 혹은 수혜자 계층이 더 넓어야 하는가?(물론 이 질문은 잘 알려진 선한 사마리아 사람의 비유에서 제기되었다.) 테일러는 말하기를 어떠한 대답이든 "우리에게 존경을 요구하는 것이 무엇인가에 대한 답변과 분리될 수 없다."[11] 그것은 실제로 우리의 주의와 관심을 받을만한 개인의 특성들을 식별하는 데 도움이 될 것이다. 우리의 도덕적 반응은 "본능적인 느낌이면서 동시에 그 대상들과 관련된 요구들의 암묵적인 인정이다."[12] 도덕적 반응은 테일러가 언급한 "인간의 존재론", 우리의 반응을 받을만한 것이 무엇인지에 대한 설명을 필요로 한다.[13]

이런 관점에서, 우리의 도덕적 반응은 메스꺼움과 같은 단순한 생리적 반응과 다르다. 확실히 두 가지 다 어떤 특성을 소유한 대상에 대한 반응인데, "한 경우는 그 특성이 이런 반응을 받을만한 대상으로 규정한다. 다른 한 경우는 특성과 대상의 관계가 단순한 사실 관계이다."[14] 예를 들면, 메스꺼움을 **유발해야 할 의무가 있**

---

11) *Ibid.*, 5.
12) *Ibid.*, 7.
13) *Ibid.*, 5.
14) *Ibid.*, 6.

는 대상이나 상황에 관해 논하는 것은 쓸모없는 일이다. "시계태엽 오렌지"(A Clockwork Orange)라는 영화에서처럼 그런 반응을 조작하는 방법들이 있기는 하겠지만, "여기서 전혀 설득력이 없는 점은 이러한 가정이다. 메스꺼움을 본질적인 특성으로 가정을 하고서도 어떤 것들은 그 특성에 적합하지 않게 우리가 반응한다고 주장하거나" 혹은 우리가 메스꺼움을 발견할 수 없었는데도 실제로는 그 메스꺼움을 유발하는 것이라고 주장하는 것이다.[15] 메스꺼움의 개념은 사실 메스꺼움을 유발하는 모든 것과 연속선상에 있다.

앞서서 인간의 존엄성(혹은 성스러움)을 우리의 반응에 의존하게 하는 것은 – 페리는 드월킨의 논거가 그렇다고 생각했는데 – 사물의 자연적인 질서를 역전시킨다는 페리의 염려에 대해서 언급했다. 페리는 도덕적 반응에 호소하는 것은 존엄성을 메스꺼워하는 것과 같은 주관적인 개념으로 여기는 것을 염려했다. 그러나 테일러의 주장은 도덕적 반응은 순전한 생리적 반응을 바탕으로 이해될 필요가 없다는 것이다. 테일러와 달리 페리의 경우에는 어떤 반응이 가치가 있는 것인지 그렇지 않은지를 논쟁할 수 있다. 우리의 도덕적 반응에 함축된 (혹은 인정된) 존재론적인 요구는 비판적 반성과 논쟁의 공간을 열어놓는다.

테일러의 주장에 따르면, 존엄성과 도덕적 반응은 밀접하게 뒤

---

15) *Ibid.*.

얽혀 있어서, 어느 하나도 다른 것보다 근원적일 수 없다. 우리의 반응에 의지하지 않고서는 인간 존재론의 주장을 전개할 수도 없고 이해할 수도 없다. 그 반대도 마찬가지이다. 우리의 도덕적 반응은 단순한 사실 관계가 아니기 때문에 — 그 반응들이 논리적으로 추론될 수 있고 단지 주어진 것으로 받아들일 필요가 없기 때문에 — 다른 반응들에 내재된 권리들을 위해서 때로는 어떤 반응들을 억제할 필요가 있다. 우리의 도덕적 반응들은 결코 오류가 없지 않다. 도덕적 반응들은 개선될 수 있지만, 불필요한 것은 아니며, 좀 더 '합리적인' 도덕 추론에 도움이 된다. 왜냐하면 도덕적 반응들이 없이는 도덕적 반성이 불가능하기 때문이다. 테일러가 지적한 것처럼, 도덕적 반성은 "우리의 반응을 전혀 고려하지 않는 문제이거나" 도덕 본능으로부터 해방된, 중립적이고 무관심한 입장에서 인간 존재론을 구성하는 시도는 아니다.[16] 그 이유는 우리의 본능이 "세계에 접근하는 태도인데, 그 안에서 존재론적 주장들이 판별될 수 있고 합리적으로 논의되며 검증될 수 있기" 때문이다.[17] 우리의 본능을 무시하는 것은 우리가 논의하려는 바로 그것을 우리의 시야에서 놓치는 것이다.[18]

---

16) *Ibid*. 8.
17) *Ibid*.
18) 가치중립의 객관성을 높이 평가하는 근대 과학과는 다르게, 윤리적 숙고는 인간의 본능에 관심을 두도록 요청한다. 본능을 고려하지 않는 것은 인간을 더 합리적으로 만드는 것이 아니라 덜 합리적으로 만든다. 그것은 인간의 감각에 의존하지 않고 과학을 하려고 시도하는 것과 같다.

인간의 존재론들과 존엄성의 근거

철학자들은 우리가 왜 서로를 돌봐야 하는지 그 이유를 묻는 질문에 어떤 대답을 제시할 수 있는지를 의심해왔다. 그러나 그 질문을 심각하게 묻는 것은 – 예를 들면, 공항의 출국장으로 가는 길에 상처 입은 사람을 지나갈 때 – 병적인 것이다. 도덕적 본능으로부터 속박되지 않는 개인은, 그래서 인간의 존재론이 없는 사람은 모든 도덕적 방향을 잃은 사람이며, 도덕적인 문제에 대해서 고민할 가능성이 거의 없는 사람이다. 그와 반대로 유능한 도덕 행위자는 다른 도덕적 반응들을 비판하면서도 특정한 도덕적 반응에 기초해서 도덕적 반성의 공간 안에 있는 사람들이다.

도덕적 반응은 단순한 생리적 반응과 구별되는데, 도덕적 반응이 존재론적 책임을 필요로 하기 때문이다. 이 책임은 우리의 사고에 깊게 새겨져 있으며, 테일러가 말한 것처럼, "개인의 가치관 배후에 있는 도덕적 존재론은 대부분 잠재해 있다."[19] 그러나 암시된 것이 요구의 형태로 명시적이 될 때에는, 합리적으로 평가되고 논의될 수 있다.[20] 다른 사람들을 동정심과 존경심으로 대하는

---

19) Taylor, *Sources of the Self*, 9.
20) 로버트 브랜돔(Robert Brandom)은 "어떤 것을 분명하게 만드는 것은 그것을 말하는 것이다. 그것을 초래한 이유 혹은 이유들이 제시될 수 있는 형태로 만드는 것이다." Robert B. Brandom, *Making It Explicit, Reasoning, Representing, and Discursive Commitment*(Cambridge, Mass.: Harvard University Press, 1994), xviii.

근거를 밝히려는 시도는 적절한 인간 존재론을 — 우리의 관심을 받을만한 인간으로서의 인간 본성의 개념을 명확하게 드러내는 것이다. 이 일은 다른 사람들과의 대화를 통해서 원활하게 이뤄지는데, 가용한 우리 전통들이 허락하는 중요한, 방대한 자료에 의존한다. 이 과제는 도덕적 통찰이 없는 반사회인이 아니라 다른 사람들에게 특정한 방법으로 반응하는, 우리와 같은 평범한 인간들에게 주어진다. 그 어떤 정당화도 우리의 반응들에 기초하게 될 것인데, 우리의 반응들에 암시된 권리들이 면밀하게 검토되고, 논의되고, 개선되어야 한다고 해도, 그리고 어떤 경우에는 그 반응들 자체를 바꿀 필요가 있어도 말이다. 상호 교정하는 과정의 목적은 존 롤스(John Rawls)가 언급한 "반성적 평형"의 상태이다.[21]

인간의 존재론은 우리의 존중을 받을 가치가 있는 인간이 — 혹은 어떤 특정한 인간들이 — 누구인가에 관한 설명이다. 한쪽의 극단에서는 그 선택된 대상이 인간의 특권 계층(예를 들면, 토지소유의 유럽 남성)을 규정한다. 그러나 그 대상의 범위는 좀 더 넓을 수 있다. 예를 들면, 모든 인간은 "하나님의 피조물이며 그의 형상으로 만들어졌거나 불멸의 영혼을 갖고 있거나, 그들이 … 신적인

---

21) John Rawls, *A Theory of Justice*(Cambridge, Mass.: Belknap, 1971), 20. 그는 말하기를, "그것은 평형상태를 이루는데, 우리의 원칙들과 평가들이 마침내 일치하기 때문이다. 그것은 반성적인데, 우리가 어떤 원칙들에 우리의 평가들이 일치해야 하는지와 그 파생물의 전제를 알기 때문이다." *Ibid.*, 20.

불의 발산, 혹은 그들이…합리적 행위자로서 다른 존재들을 초월하는 존엄성을 가지고 있거나 다른 특징들을 가지고 있다. 그렇기 때문에 우리는 그들을 존중해야 한다."는 설명도 있다.[22]

우리는 인권의 근거에 대한 질문을 제기하며 시작했다. 이제 우리의 문제를 좀 더 명확하게 하는 질문으로 돌아가자. 인권의 근거를 질문하는 것은 본 장을 시작하면서 던진 주장과 양립 가능한 인간 존재론을 찾는 것이다. 모든 인간은 존엄성과 권리에서 자유롭고 동등하게 태어났으며 서로를 형제와 자매처럼 대해야 한다. 모든 존재론이 그것을 발전시킨 전통(들)으로부터 그 중요성을 끌어냄에도 불구하고, 관련된 존재론에서 파악된 특질들은 보편적이고, 인종, 성별, 국적, 종교, 혹은 다른 어떤 사회적 구획에 의해 제한되지 않는다.

페리는 종교만이 우리에게 객관적인 개념의 인간 존엄성(혹은 성스러움)을 제공할 수 있으며, 그 결과로서 인권의 개념은 – 어떤 것들은 모든 인간을 위해 반드시 해야 하며, 다른 것들은 그들에게 절대로 해서는 안 된다는 것 – "반드시 종교적이다."[23] 우리는 종교적 전통들이 앞서 언급된 요구들에 적합한 인간 존재론을 가능하게 한다는 데 동의한다. 그러나 우리는 비슷한 자료들이 다른, 비종교적인 전통들 안에서도 발견될 수 있다는 것을 부정할

---

22) Taylor, *Sources of the Self*, 5.
23) Perry, *The Idea of Human Rights*, 11.

이유를 찾지 못했다.[24]

6장에서 우리는 인간 존엄성에 관한 우리 자신의 기초적인 설명을 제시할 것이다. — 그것은 그리스도교 전통의 종교적인 주장에 근거한 것이다. 그러나 우리는 우리의 것이 유일한 설명이라고 주장하지 않는다. 다른 설명들, 다른 인간 존재론들은 (종교적이거나 비종교적인) 다른 전통들 안에서 또한 심지어 그리스도교 자체 안에서도 주장될 수 있다. 다음 장에서 증명하겠지만, 인간 존엄성의 보편성을 확증하는 데 존재론의 수준에서 합의를 이루는 것이 꼭 필요한 것은 아니다.

존엄성: 인간적인 혹은 신적인?

인간 특질을 강조하면서 — 특정한 도덕적·종교적 전통의 상황 안에서 이해된 인간성이지만 — 우리가 옹호하는 접근 방법은 인권을 신적인 명령이나 보편적 도덕법에서 유추해내는 방식으로 종교와 인권의 관계를 설정하는 입장들과는 다르다. 그러한 제안들은 궁극적으로 인권의 근거를 인간의 내재적 가치 — 성스러움 —

---

24) 종교와 비종교의 구분은, 물론 아무리 잘 한다고 해도 분명치 않다. 페리는 종교를 "세계가 (우리의 깊은 열망에 응대하는 방식으로) 궁극적으로 의미가 있다."는 삶의 관점과 동일시한다. *Ibid.*, 16. 그러나 이 정의는 스스로 '비종교'인으로 생각하는 사람들이 받아들일 수 있는 것보다 훨씬 더 광범위한 것이다.

가 아닌 다른 것에 두려고 한다.(예를 들면, 하나님의 의지나 자연법들) 그러나 그 접근 방법들이 도덕적 존중의 목적을 인간 그 자체 밖에 두는 한, 이 입장들은 내재적 권리를 논하는 것보다 의무를 논하는 것에 더 적합할 것이다. 인간을 존중하는 것은 '좀 더 높은' 어떤 것에 대한 존중의 부산물로 여겨지기 때문이다.

제프리 스타웃(Jeffrey Stout)은 최근에 자연법사상은 "상상적 투사"로 가장 잘 이해될 수 있다고 말하며, 중요한 점은 계속되는 사회적 비판을 필요로 한다는 데 있다고 주장한다.[25]

그 "법"은 논쟁을 하기 위해서 우리가 근거를 두는 대상이라기보다는 우리의 관심이 끌리고 있는 대상이다.[26] 인권을 주장하는 일이 단순히 영원한 법에서 복사해 올 수 있다면 이 일은 의심할 여지없이 쉽거나 불필요할 수 있다. 그러나 불행하게도 그 일은 지상에 얽매인 인간들을 위한 선택 사항이 아니다.

인간 존엄성에 인권의 기초를 두면서, 우리가 내세우는 입장은 진정한 인권을 드러내는 어떤 특정한 입장을 제공해야 한다고 보지 않는다. 이 문제는 반드시 논의되어야 하고, 토론되어야 하는 문제이고, 실제로 계속 그렇게 되고 있다. 2장에서 살펴보았듯이,

---

25) Stout, *Democracy and Tradition*, 241.
26) 스타웃(Stout)은 "자연법과 신의 명령 이론들이 특정한 이상(ideal) 체제나 혹은 그 원칙들이 어떤 도덕적 주장이 진리인지를 결정하는 우리의 기준이 될 수 있다.-혹은 이미 되고 있다.-고 여길 때, 당혹스럽게 된다."고 말한다. *Ibid*., 245.

주어진 해결책은 사회 환경이 나아지면서 계속 바뀌고 있다. 그럼에도 불구하고 종교 전통들은, 그 전통들이 모든 인간의 존엄성을 확증하는 근거를 제공할 때, 이 과정에 기여할 수 있다.

4장

보편적 인권과 종교적 특수성

인권에 종교적 정당성을 부여하려는 시도 – 인권 개념에 하나의 혹은 다른 종교 전통으로부터 근거를 대려는 시도 – 는 잘 알려진 모순을 해결해야 한다. 인권은 그 범위에서 보편적이며 보편적으로 유효하다고 주장하는 반면, 종교는 특수하다는 것이다. 다른 말로 하면, 인권은 (인류 공동체를 제외한) 어떤 특정한 공동체에 속하는 구성원 자격에 의존하지 않지만, 종교는 그 본성상 경계가 분명한 신앙인들의 공동체의 역사, 이야기, 그리고 관습에 근거를 두고 있다. – (적어도 부분적으로) 다른 공동체에 대립해서 스스로를 정의하는 공동체이다. 이 분명한 모순의 세 번째 특징은 모든 개인은 동일한 기본적 인권을 가지고 있는 반면, 종교는 본래적으로 다원론적이며, 개인들에게 헌신이 요구될 때, 모든 사람이 같은 종교적 헌신을 요구받지 않는다는 점이다. 문제는 인권 개념에 본질적인 보편성이 경계가 분명한 종교적 신앙의 특수성과 다원성과 조화될 수 있는가 하는 점이다.

최근의 많은 학자에게 그 대답은 분명히 부정적이다. 예를 들면, 저명한 학자인 루이스 헨킨(Louis Henkin)은 말하기를 "인권은 종교적인 신념에 근거할 수도 없고 근거하지도 않는다."[1] 헨킨이 주장하듯이, 인권은 그 범위와 적용에서 보편적이며 그래서 보편적으로 접근 가능한 근거가 필요하다. 인권에 호의적인 종교 사상가들에게조차도, 인권을 어떤 특정한 신앙적 운동에 근거를 두려는 노력은 "개념적으로 제국주의적이다."[2] 헨킨은 아래와 같이 결론짓는다.

인권운동에서, 보편적 인권은 유신론에 기초를 둘 수 없다. 유신론적 지지는 유신론적 전제를 공유할 수 없는 사람들에게 가용하지 않거나, 접근 불가하다. … 결국, 그리고 본질적으로, 인권의 비유신론적인 기초를 강조하는 인권운동은 구체적으로 동의한 용어로 선언된 공동의 도덕 직관을 보편적으로 수용하고 보편적으로 헌신하길 추구한다.[3]

---

1) Louis Henkin, "Religion, Religions, and Human Rights," *Journal of Religious Ethics* 26(1998): 238.
2) *Ibid.*, 238.
3) *Ibid.*, 233-234.

헨킨은 여기서 유신론적 전제에 대해 말하고 있지만, 그의 주장은 분명히 종교 일반에 적용된다. 유신론이든 아니든 모두가 (똑같은) 종교적 신앙을 공유하지 않기 때문에, 인권 개념이 그 범위에서 보편적이기 때문에, 인권의 성공은 "세속성과 합리성에 있다."[4] 헨킨에게 인권과 종교는 각각 공공-사유의 이분법에서 반대편에 자리 잡고 있다.

이 표현에 암시적인, 구별되지만 연관된 두 가지의 문제가 있는데, 그것을 구분하는 것이 중요하다. 하나는, 인권의 정당화와 대중의 접근성과 관련이 있고, 두 번째는, 인권의 유효성 혹은 진실성과 관계된다. 정당화에 대한 염려는 인권 개념이 어떤 특정한 종교의 배경 안에서만 (혹은 넓은 의미에서 종교 배경 아래서만) 논리적으로 지지될 수 있다면, 많은 사람('종교적'이지 않은 사람들 혹은 신앙공동체에 참여하지 않는 사람들)에게는 인권이 정당화될 수 없고 그 이유 때문에 인권의 동기가 주어질 수 없게 될 것이다. 그래서 헨킨은 다른 곳에서 "인권 개념은 보편주의를 지향하기" 때문에 "보편적인 호소를 할 근거가 필요하다."고 말했다.[5] 인권사상의 기초를 특정 종교에서 찾으려고 하면서 종교 이론가들은 - 좋은 의도에서 했다고 하더라도 - 종교와 관계없이 혹은

---

4) Ibid., 238.
5) Louis Henkin, "Human Rights: Religious or Enlightened?," in *Religion and Human Rights: Competing Claims?*, ed. Carrie Gustafson and Peter Juviler(Armonk, N.Y.: Sharpe, 1999), 34.

종교가 없이도 모두에게 받아들여져야 할 그 사상을, 헨킨에 의하면, 제한하게 된다.

두 번째 관심은 첫 번째 것과 관련되어 있는데, 이 관계를 이해하기 위해서 도덕 이론에 대해 잠시 살펴보는 것이 도움이 될 것이다. 다음의 세 가지 철학적 입장들을 생각해보라.

1. 첫 번째 것은 도덕적 객관주의라고 우리가 부를 수 있는데, 도덕적 진리가 특정 공동체나 개인에 의해 승인되는 여부와 관련 없이 존재한다고 보는 입장이다. 이 입장에 따르면, 도덕성은 단순한 관습이나 발명 이상이며 다른 곳에서처럼 여기에서도 믿는다는 것이 그것을 존재하게 하지는 못한다. 도덕적 객관주의자는 알려지게 될 도덕적 진리들이 있다고 주장하지만 그녀가 (혹은 다른 사람이) 이 진리들이 무엇인지를 (그 전체를) 안다고 주장할 필요는 없다. 객관주의는 오류가능성(fallibilism)과 또한 도덕 전통들과 상충하는 견해들의 복수성을 인정하는 것과도 완전히 양립할 수 있다.
2. 두 번째 입장은 도덕적 상대주의이다. 상대주의자는 주장하기를, 옳고 그른 것이 무엇인가 하는 것은 문화마다 (혹은 개인마다) 달라서, 똑같은 행동이 어떤 상황에서는 옳고, 어떤 상황에서는 그를 수 있다. 상대주의는 문화적 복수성을 수용하는 데 전혀 어려움이 없지만(단, 이질문화 간에 서로 인정하지 않는 현실을 부정하는 역설적인 방법을 사용하고 있다.), 보편성

을 통째로 거부하는 한 보편적 인권사상과는 절대 양립할 수 없다.

3. 세 번째 입장은 때때로 도덕적 구성주의라고 불리는 입장으로 도덕적 객관주의와 도덕적 상대주의의 중재를 추구한다. 상대주의자처럼, 구성주의자는 도덕성을 인간의 구성물로 본다. 그러나 객관주의자처럼(그리고 상대주의자와는 다르게), 구성주의자는 도덕적 규범은 그럼에도 불구하고 보편적으로 정당할 수 있다고 믿는다. 구성주의에 따르면, 도덕 규범으로 받아들일 정당성은 그 규범의 보편적 수용성에 달려 있다. 보편적으로 정당한 규범은 모든 인간이 공유된 관심의 관점에서 받아들일 수 있는-그리고 이상적인 조건에서는 받아들일-규범들이다.

도덕적 구성주의는 현대 인권 이론가들 중에서, 그리고 실제로 많은 도덕 이론가들 중에서 많은 추종자를 갖고 있다. 이 이론의 매력은 인간의 기본적 필요와 욕망을 넘어서는 어떤 것에 호소하지 않고 인권사상에 본질적인 보편성을 이해할 수 있다는 점이다. 더욱이 구성주의는 도덕 지식을 가능하게 하며 상대적으로 쉽게 얻을 수 있게 만든다. 도덕적 객관주의는 얼마나 광범위하게 수용되는 여부와 관련 없이 도덕 신념의 정당화를 그 진리를 지향하는 것으로 바라보는 반면, 구성주의는 "도덕 진리" 혹은 정당성을 (보편적) 수용에 의해 형성되는 것으로 본다.[6]

그러나 분명히 해둬야 할 것은, 위의 입장들을 통해서도, 종교에 인권의 기초를 놓으려는 시도는 전혀 가망 있어 보이지 않는다는 것이다. 도덕 규범의 정당성과 그 규범의 보편적 동의 획득을 동일시하면서 구성주의는 그 정당성이 독자적인(그리고 경쟁적인) 종교적 실천에 의존하는 어떤 규범도 정당하다고 주장할 수 없다.[7] 도덕적 정당성에 관한 구성주의의 입장에서 헨킨의 주장 – 인권을 종교에서 근거 지으려는 시도에 대한 유사한 반대에서 – 이 암시하는 두 관심은 밀접하게 연결되어 있다.

보편성과 정당화

앞선 논의에서, 적어도 세 가지 다른 방법으로 보편성(혹은 그 결핍)을 이야기했다. 첫 번째 의미에서 한 규범이 모든 인간과 관련이 있다고 할 때, 그 규범은 보편적이라고 말할 수 있다. 그 이유는 규범이 모든 인간에게 요구하기 때문이거나 규범이 한 사람

---

[6] 구성주의는 '현실적인' 것보다는 '인식론적인' 도덕 진리의 개념으로 분류될 수 있다.
[7] 예를 들면, 이것은 위르겐 하버마스에 의해서 제안된 규범적 시각이다. 약한 구성주의 입장은 정당한 규범이 같은 관심을 가진 입장에서 모두에게 받아들여져야 한다는 규정을 완화시켜서 (아마도) 종교적인 정당화를 포함한 다양한 정당화를 받아들일 여지를 남겨둘 것이다. 우리는 이 점을 지적한 압둘라히 아메드 안나임(Abdullahi Ahmed An-Na'im)에게 감사를 표한다.

에게 모든 인간에 대한 책임을 부과하기 때문이다.(아니면 인권과 관련해서 전형적인 것으로 두 가지가 다 이유가 될 수 있다.) 두 번째 의미에서 한 규범은 모든 시대와 모든 장소에 적용된다면 보편적이라고 말할 수 있다. 세 번째 의미에서 한 규범은 충분히 널리 퍼진(다시 말해서, 보편적인) 수용을 획득할 때 보편적이라고 말할 수 있다. 첫 번째 것 – 범위에서의 보편성 – 은 어느 정도 문법적인 질문으로, 그 규범이 의도하는 대상의 크기와 그 요구의 본성과 관련되어 설명된다. 두 번째 의미에서 한 규범이 보편적인지 아닌지는 본질적으로 규범적인(혹은 평가적인) 문제인데, 그 유효성을 묻는 것과 같다. 세 번째 의미에서의 보편성 – 보편적 수용성 – 은 사회학적인 것으로, 경험적인 방법을 통해서 확인된다.

"너는 살인하지 말라"와 같은 명령은 첫 번째 의미에서 보편적인데, 왜냐하면 문법적 주어(너)와 암시된 목적어(누구도) 둘 다와 관련해서 암시적으로 무제한적이기 때문이다.[8] 이 명령은 두 번째 의미에서도 보편성을 지향하는데, 모든 장소에서 그리고 모든 시대에 유효하다고 생각되는 한 그렇다. 그러나 역사는 세 번째 의미에서 이 규범이 보편적이지 않음을 시사한다. 어쨌든 그 실제적 적용에서 불일치를 쉽게 상상할 수 있다.

---

8) 이 첫 번째 의미에서의 보편성은 그 명령의 의미보다는 그 구문의 기능을 의미한다. 다시 말해서, 그 암시된 목적이 살해(murder)라는 (혹은 비슷한) 단어가 '죽이다'(kill)라는 단어를 대체한다고 하더라도 보편적이다.

도덕적 정당성의 구성주의적 관점에 의하면, 이러한 사실에서 암시된 것이 문제가 될 수 있는데, 두 번째 의미에서의 보편성(보편적 유효성)은 세 번째 의미에서의 보편성(보편적 수용성)에 의존하고 있기 때문이다. 물론 도덕적 구성주의자들도 이 문제를 해결하기 위해서 다양한 계책들을 가지고 있다. ─ 예를 들면, 정당화의 실제적 조건들(보편적 수용을 실제로는 파악하기 어렵다.)과 이상화된 조건들(합의에 방해되는 실제적 요인들을 제거한다.)의 구분이다. 그러나 좀 더 확고한 도덕성 개념의 추구는 어떤 형태든 객관주의로 향하게 한다.

우리는 다른 곳에서 도덕적 구성주의에 반대하고 도덕성의 객관주의를 지지하는 주장을 해왔다.[9] 지면 관계상 그 주장들을 여기에서 반복하기에는 어려움이 있지만, 구성주의 견해가 가진 한 가지 약점은 도덕 담화와 다른 형태의 담화 사이의 엄격한 구분을 요구하는 반면, 도덕적 객관주의의 강점 중 하나는 그런 경계가 필요 없다는 것이다.[10] 두 경우에, 객관주의자들은 주장하기를 우

---

9) Richard Amesbury, *Morality and Social Criticism: The Force of Reasons in Discursive Practice*(Basingstoke, UK: Palgrave Macmillan, 2005)을 보라.
10) 예를 들면, 하버마스는 (이론적) 진리의 현실적(즉 객관주의적) 입장을 변호하기보다 도덕의 구성주의적 입장을 변호한다. "도덕적 '의무'의 구성주의적 개념은 규범적인 옳음의 인식론적 이해를 필요로 한다. 그러나 우리가 현실적 직관을 제대로 다루기 원한다면, 명제 진리의 개념은 최대한 이상적인 상황에서 합리적으로 수용되어야 한다는 입장에 동화되지 말아야 한다." Jürgen Habermas, *Truth and Justification*, ed. and trans. Barbara

리의 목적은 우리의 요구들이 그 요구들과 관련된 모든 것과 조화되도록 제시하는 것이다.[11)]

우리가 선호하는 종류의 도덕적 인식론은, 상대주의와 함께, 도덕적 추론은 특정한 도덕 전통 안에서 이뤄지며 다른 전통을 사용하는 사람들은 인간들이 어떻게 행동해야 하는지에 관해서 다른 결론을 이끌어낼 수 있다고 인정한다.[12)] 그래서 이 인식론은 불일치가 도덕 담화의 두드러진 특징임을 인정한다. 그러나 이 인식론은, 상대주의와는 다르게, 불일치는 논의할만한 가치가 있는 무엇인가가 있다는 것, 즉 도덕적 진리가 있다는 것을 전제한다고 주장한다. 도덕적 객관주의와 결부시킬 때, 이 인식론에서는 그 규범들이 세 번째 의미에서는 보편적이라고 할 수 없더라도, 첫 번째와 두 번째 의미에서 보편적이라고 확증된다. 이러 방식으로, 이 인식론은, 구성주의에게는 실례지만, **보편적** 정당성은 정당화의 **특정한** 상황 안에서도 지지된다고 주장한다. 보편성(규범의 차원에서)과 독특성(정당화의 차원에서)을 화해시키려는 방법을 우리는 상황 보편주의(situated universalism)라고 부를 것이다.

Fultner(Cambridge, Massl : MIT Press, 2003), 8.
11) 진리 혹은 도덕적 객관주의에 관해서 현실주의를 받아들이기 때문에 언어 관습과 독립되어 이해되는 '세상' 혹은 '도덕법'의 플라톤적인 개념을 수용할 필요는 없다.
12) 실제로, 결론의 불일치는 같은 전통 안의 구성원들 사이에서 가능할 뿐만 아니라 자주 일어난다.

존엄성과 인권의 보편성

종교적인 주장이나 비종교적인 주장을 하는 많은 이론가는 인권의 핵심 사상은 인간의 존엄성이라고 주장해왔다.[13] 이 견해는 세계인권선언의 서문에서 지지되고 있다. 그 서문은 "인류공동체의 모든 구성원이 가진 천부적인 존엄성"과 "인간 개인의 존엄과 가치"를 이야기한다. 한 개인이 존엄성을 지닌다고 말하는 것은 (적어도) 그녀가 **비도구적 가치**를 소유한다고 말하는 것이다. 그녀의 가치는 다른 사람에게 유용한 실용성에 근거하지 않는다. 오히려 (칸트의 용어를 빌리면), 그녀는 "목적 그 자체이다." 사람들은 어떤 도덕적 주장들이 정당한 인권을 표현하는지에 관해서 의견을 달리할 수 있지만, 그러한 모든 담론은 인간 존엄성에 대한 인정에 기초하는 것으로 생각된다. 이런 맥락에서 존엄성은 뼈대로 작용하는데, 그 바탕 위에 구체적인 인권 주장들이 다듬어지고 도덕적 원리와 함께 제시된다.

그럼에도 불구하고 인간 존엄성과 인권은 동일한 개념은 아니다. 잭 도널리(Jack Donnelly)는 우리에게 존엄성이 긍정되고 지지

---

13) 예를 들면, Henkin, "Religion, Religions, and Human Rights," 231; Perry, *The Idea of Human Rights*, 12-13; 그리고 Arvind Sharma, "The Religious Perspective: Dignity as a Foundation for Human Rights Discourse," in *Human Rights and Responsibilities in the World Religions*, ed. Runzo et al., 67-76을 보라.

되지만 인권의 개념이나 실천이 없는 사회를 떠올리라고 우리에게 요청하며 이 문제를 제기한다. 예를 들면, 부족 같은 '상대적으로 분권적이고, 관료적이지 않고, 공동체적인 사회'를 생각해보라.

그런 사회에서 개인은 자유민주주의에서 높이 평가되고 있는 권리들 중 전부는 아니더라도 많은 권리를 갖지 못한다. 그러나 그는 그 사회에서 안전하고 중요한 자리를 차지하고 있고 개인적으로 또한 사회적으로 다양하고도 깊은 관계를 누릴 수 있다.…그는 규범화된 사회적 안전체계를 통해 많은 가치과 권익을 누린다. 서구사회에서는 이것들을 개인 인권과 법적 권리를 통해 보호한다.…그런 사회는 분명히 도덕적으로 변호될 수 있으며, 많은 측면에서 상당히 매력적이고, 기초적인 인간 존엄성을 보호한다고 말할 수 있다.[14]

어떤 경우에는, 이런 사회 – 개인으로서의 존엄성이 유지되는 것과 개인의 생존이 그 공동체의 구성원으로 남는 것에 기초하는 사회 – 가 그 구성원의 존엄성을 보호하는데 우리의 사회보다 더 효과적일 수 있다. 우리가 공동체와 비교해서 개인에 부여하는 우선성과 자신이 속한 공동체보다 개인의 존엄성이 우선한다는 주장 때문에 공동체적인 사회는 혼란스러워하거나 분개할지도 모른

---

14) Donnelly, "Human Rights and Human Dignity," 312.

다. 그러나 그 이유는 그들이 우리가 소유하고 있는 어떤 것, 즉 개인의 인권 개념을 그들이 결핍하고 있기 때문이다.

도널리는 인간 존엄성의 개념이 오래되고 거의 모든 사회에서 여러 형태로 발견되지만, 인권 개념은 상대적으로 최근의 사상이며, 계몽주의 시대에 유럽에서 잘 알려지게 되었다고 주장한다. 그 시기와 장소에 인권 개념이 출현한 것은 우연적이지 않다. 2장에서 살펴보았듯이 근대화의 상황에서 개인이 이전과는 비교할 수 없는 존엄성에 대한 도전을 맞이했기 때문이다.

인권 개념과 인간의 존엄성 개념을 구분할 수 있는 가장 중요한 사항은 개인의 존엄성은 어떤 특정한 공동체의 구성원 자격에(만) 근거하지 않는다는 강력한 주장이다. 이런 측면에서는 권리의 소유가 문화, 국적, 인종, 성, 종교 등과 관련 없이 인간이라는 자격이 부여해 주는 기능이다. 인권의 개념은 앞서 구분되어 설명했던 세 가지 의미 중에서 첫 번째 차원에서 보편적이다. 인권은 모든 인간의 존엄성을 필요로 한다.(그래서 모든 인간에게 요구나 제한을 가한다.) 그러나 인권은 두 번째 의미에서도 보편적인가, 보편적으로 정당한가? 상대주의와 구성주의에 의하면 이 문제의 대답은 인권 개념이 모두가 동의하는지 여부에 달려 있다는 점에 주목하자. 인권 개념이 낯선 문화나 삶의 방식이 있다는 도널리의 주장이 맞는다고 하면 – 이 주장을 실제로 부인하기 어려워 보이는데 – 그 인권 개념을 정당화할 가능성은 불확실해 보인다.

이것이 바로 아다만티아 폴리스(Adamantia Pollis)와 피터 슈와브(Peter Schwab)가 "인권: 제한된 적용성을 가진 서구적 구성물"이라는 잘 알려진 글에서 도달한 결론이다. 이 글의 제목은 그 논점이 향하는 방향을 드러낸다. 인권 개념의 발전은 "영국, 프랑스, 그리고 미국의 특별한 경험에서 찾을 수 있"고 그 결과로 인권 개념은 비서구 세계와는 "무관"하다.[15] 폴리스와 슈와브는 결론적으로 인권 개념이 보편적으로 사용되거나 승인될 수 없기 때문에, 보편적으로 정당화될 수 없다고 주장한다.(인권의 정당성 자체를 부정하는 것과 같은 뜻이다.)

그러나 이 결론은 인권 담론의 객관주의적 독법을 통해서 피할 수 있다. 우리가 상황 보편주의라고 명명한, 앞서 언급된 견해를 따르면, 모든 인간이 인권을 가지고 있음을 주장하는 것을 정당화하기 위해서 인권의 개념에 근거를 두고 보편적 동의를 구할 필요가 없다. 필요한 것은 인간이 주어진 공동체에 참여한다는 것을 통해서가 아니라 인간으로서 존엄성을 가지고 있다고 받아들여지는 도덕 전통에 그 사람이 속해 있는 것이다.[16]

---

15) Adamantia Pollis and Peter Schwab, "Human Rights: A Western Construct with Limited Applicability," in *Human Rights: Cultural and Ideological Perspectives*, ed. Adamantia Pollis and Peter Schwab(New York: Praeger, 1979) 4, 9.
16) 우리가 주장하는 것은 그러한 인간 존엄성의 개념이 필요하다는 것이지 충분하다는 것은 아님을 기억할 필요가 있다.(구조적인 조건들을 포함해서) 다른 요소도 권리 개념의 발달에 중요하다. 이 요소들 중 하나는 2장에서 언급되고 아네트 바이어(Annette Baier)가 인정한 것으로 약자가 강자에게 하는 구걸의 내키지 않음이다.

인간 존엄성을 그렇게 보는 관점을 **보편적 인간 존엄성 개념**(a conception of universal human dignity)이라고 명명한다. 현재 우리의 관심을 통해서 볼 때, 핵심은 보편적 인간 존엄성은 보편적으로 받아들여지는 (혹은 모든 사람이 동의할) 보편적 개념일 필요가 없다는 것이다. 보편적 인간 존엄성 개념이 (인간 존재론과 관련된) 논의와 실천을 하는 공동체에 참여하는 사람들에게만 사용될 수 있지만, 보편적 인간 존엄성의 개념에 의해서 가능하게 된 주장들은 그 범위에서 보편적일 수 있다. 모두가 그 공동체의 정당화 작업에 참여하지 않는다는 사실에 의해서 그 정당성이 위협받는다고 우려할 필요는 없다.[17]

인권에 대한 많은 현대 이론화 작업들이 도덕적 정당성을 구성주의적으로 바라보는 것을 당연한 것으로 여기고 있지만(아마도 인권의 도덕적 차원을 그 법률적 차원을 따라 만들려는 경향 때문일 것이다.), 인권의 핵심 개념은 사실상 객관주의적인 시각과 가장 잘 들어맞는다. 객관주의적인 관점에 따르면, 개인이 가진 인간으로서의 기본 권리는, 어떤 것이든, 대중의 합의에 의존하지 않으며, 대중의 요구에 의해서 무효화될 수 없다.

---

17) 유사한 근거로, 2장의 마지막 부분에서 언급했듯이, 인권의 개념이 역사적으로 우연히 성립되었다는 (즉 인권 논의가 특정한 역사적 상황에서 출현했다는) 사실로부터 인권 자체가 역사적인 산물이나(예를 들면, 계몽주의 이전에는, 사람들이 인권을 갖지 않았다거나), 인권을 인간이 만들어낸 것으로만 받아들일 필요는 없다.

복수성과 다양한 정당화

종교에 인권의 근거를 두려는 노력에 대해 비판가들이 제기하는 두 가지 문제를 앞에서 언급했다. 하나는 정당화와 그 대중성에 관한 것이었고, 다른 하나는 진실 혹은 유효성과 관련된다. 지금까지 두 번째 문제에 대해서 집중해왔다. 구성주의에 반대해서 우리는 인권의 유효성은 보편적 동의에 근거하지 않고 어떤 특정한 도덕 전통의 특수성 안에서도 지지될 수 있다고 주장했다. 그럼에도 불구하고 인간 존엄성의 실천을 구현하는 것은 협력적인 사회적 환경을 요청하며 인권 개념에 대한 광범위한 승인은 분명히 가치가 있다. 인권의 합리적 정당화가 특정 공동체 안에 있는 사람들에게만 유효하다면, 그 사회적 협력은 모두가 그 권리를 누리는 데 해가 될 정도로 심각하게 제한될 것이다. 다른 말로 하면, 문제는 인권 개념에 대한 대중의 지지 없이는 그 권리가 존재하지 않는다는 것이 아니다. 우리가 살펴봤듯이, 상황적 보편주의는 모든 인간의 존엄성과 그 존엄성이 만들어내는 요구는 정당화의 비보편적 상황으로부터 지지될 수 있다. 오히려 문제는 그러한 협력 없이는 인권이 실제로 광범위하게 실행될 가능성이 거의 없다는 점이다.[18]

여기서 우리는 우리의 관심을 첫 번째 문제로 돌려야 한다. 정

---

[18] 우리는 인권 실현의 설득적 수단이 강압적 수단에 우선한다는 것을 당연시한다.

당화의 대중성 문제. 앞서 인용된 문구에서, 헨킨은 종교에 인권의 근거를 두는 것을 반대했는데, 우리가 형식적 이유 - 종교적 신념의 내용보다는 형식과 관련된 이유 - 라고 묘사할 수 있는 것 때문이다.[19] 우리가 살펴봤듯이 그의 관심은 인권을 옹호하는 종교적 이유들은 "유신론적 [다른 말로, 종교적] 가정을 공유하지 않는 사람들에게는 쓸모없거나 접근 가능하지 않다."는 데 있다. 실제로, 헨킨은 종교적 근거만, 그리고 유일신론적 근거만 반대한 것이 아니라, 보편적으로 받아들여지지 않는 정당화 또한 반대했는데, 그것은 존 롤즈(John Rawls)가 "포괄적 교의", 다시 말해서, 모두에게 공유되지 않은 특정한 세계관에 기초하기 때문이다.[20] 이것이 바로 헨킨이 "구체적으로 동의된 용어로 표현된 공통의 도덕적 직관에 대한 보편적 수용과 보편적 헌신을 추구하며" 배제하려고 의도했던 것이다.

그런 세속적 정당화 - 현실을 보는 상충하는 시각들과 그 안에서 논의되는 인간의 자격에 대해 중립을 취하는 정당화 - 가 제공될 수 있는지 여부는 상당한 의견의 불일치를 보이는 주제이다.

---

19) 그러나 지적할 것은 이것들이 그의 유일한 반대는 아니라는 것이다. 그는 지적하길, "모든 종교는 특정 시기, 특정한 관점에서, 많은 부분 입에 담을 수 없는 인권 침해에 관해서 인권 개념에 대해 제시해야만 했고", 종교들은 도덕을 권리보다는 의무의 관점에서 이해해 왔다. Henkin, "Religion, Religions, and Human Rights," 229-230, 232-233.
20) 예를 들면, John Rawls, *Political Liberalism*(New York: Columbia University Press, 1993), 218을 보라.

마이클 페리(Michael Perry)를 포함한 몇몇 사상가들에 의하면, 인권 개념은 "반드시 종교적"이며 "결론적으로 인권 개념의 세속 버전은 인식 불가능하다."[21] 개인적으로, 이런 주장을 하는 페리의 논거가 완전히 설득력 있는 것은 아니지만, 여기서 우리의 목적은 좀 더 소박하다. 종교적 정당화가 필요하다는 것이 아니라 단순히 그것이 불가능하지 않다는 것을 보이려는 것이다.[22] 그렇지만 인권 의식을 가진 사람들도 '구체적으로 동의된 용어'로 그들 신념의 근거를 표현하는 것은 아니다. 헨킨이 가정하는 것과는 다르게, 우리는 정당화의 문제에서 그러한 다양성은 약점이 되기보다는 강점이 된다고 주장하려고 한다.

우리가 이미 논의했듯이, 인권의 실천은 (다른 것들보다도) 누

---

21) Perry, *The Idea of Human Rights*, 35.
22) 페리는 인권을 정당화하는 세 가지 비종교적 전술을 검토하며 각각은 실패한다고 주장한다. 그러나 각각의 경우에서 페리의 주장이 옳다고 하더라도, 그의 분석이 보여주는 것은 이 세 가지 비종교적인 전술들이 실패한다는 것이지, 비종교적인 전술들이 성공할 수 없다는 것은 아니다. 우리는 (앞서 간략하게 설명한) 세 번째 의미에서 보편성을 추구하는 정당화에 대한 페리의 회의론을 공유하지만, 우리는 그 주장이 인권은 반드시 종교적인 지지를 필요로 한다고 생각하지 않는다. 다른 말로 하면, 우리는 보편적 인간 존엄성이 지지될 비종교적 도덕 전통들 – 종교적 전통들만큼이나 독특한 비종교적 도덕 전통들의 가능성을 열어두고 싶다.(여기서 비종교적인 지지와 세속적 지지를 구분하는 것이 도움이 될 것으로 보이는데, 후자는 경쟁하는 세계관들이나 선 개념들 사이에서 중립적인 전제들로부터 유래한다.) 실제로, 여기에서 제시되는 설명의 장점은 인권을 지지하는 비종교적 근거들을 거부하지 않는데, 그들의 독특성 때문에 헨킨의 주장에 의하면, 합리적인 근거로서는 부적합하다.

구나 (가능한 한 많이) 보편적 인간 존엄성이 지지될 수 있는 도덕 전통을 소유하는 것을 필요로 함에도 불구하고, 그것이 모두가 같은 도덕 전통을 소유해야 하는 것은 아니다. 헨킨의 반론은 인권 개념에 관한 다양한 정당화의 가능성을 간과한다.[23] 우리의 현재 논의의 관점에서 볼 때, 인권 개념에 대한 특수한 정당화의 다양성은 하나의, 광범위하게 공유된 정당화와 다르지 않다. 더욱이 후자를 제공하려는 시도는 성공적인 것으로 판명되지 못했기 때문에, 전자의 접근 방법 – 하향식보다는 상향식의 진행 – 은 궁극적으로 좀 더 효과적인 것으로 판명될 것이다. 보편적 인간 존엄성의 독특한 개념들의 다양성을 고려할 때, 다양한 전통들의 구성원들은 서로 인간으로서의 존엄성과 기본권을 합리적으로 인정할 수 있게 되길 기대한다.

물론 이 전통들 사이의 차이점을 고려하면 다양한 전통들의 구성원들이 인간 존엄성이 어떻게 존중되어야 하고 어떤 도덕적 요구가 유효한 인권을 표현하는지에 관해서 다르게 이해할지도 모른다. 그러나 도덕적 실천은 완전하게 자의적이지 않으며, 그들은 어떤 특정한 행동 – 고문, 노예, 인종학살 등 – 이, 그들의 존엄성 개념이 어떤 것을 의미하든지, 인간 존엄성과 양립할 수 없다

---

23) 그래서 헨킨은 "인권을 중심에 놓는 종교가 있다면, 그 종교가 보편성을 혹은 보편적 지지를 주장한다면, 그 종교는 인권의 강력한 근거를 제시할 것이다. 그러나 나는 그런 종교를 알지 못한다."고 말한다. Henkin, "Human Rights: Religious or Enlightened?," 34.

는 것에 동의할 것이다. 주의할 것은, 인권 주장이 정당화되는 상황의 특수성은 그 주장의 내용 자체와 연관될 필요가 없다는 것이다. 이(異) 문화 간의 대화의 목적은 인간이 실제로 살고 있는 다양하고 풍부하게 짜여 있는 도덕 전통들을 단일하고, 탈 상황화된 '세계 윤리'로 바꾸려는 것이 아니다. 실제로, 그러한 노력은 거의 확실하게 재앙을 일으키는 것으로 판명되었다. 그 대신에 다문화 간 대화의 목적은 그 구체적인 자유들을 확인하고 보호하는 것인데, 그 자유는 다양한 도덕 전통들을 가로지르는 보편적 동의의 바탕이 되며 그 자유 없이는 도덕적 행위자가 위험에 처하게 될 것이다.[24] 헨킨이 제대로 인지했듯이 공통적으로 받아들여진 인권은 "천장"이 아니라 "바닥"을 구성하며 인류 최고의 도덕적 열망보다는 인간 품위의 최하 기준선을 제시한다.[25]

---

24) 물론 이 선언들이 도덕적 중요성을 지니는 범위까지 이러한 자유의 보호는 도덕 실행의 전통이 존재하는 데 기인할 것인데, 그 안에서 인권 논의가 실행에 옮겨질 수 있고, 그 전통들 안에서 보편적 인간 존엄성이 확증될 수 있다. 로버트 브랜돔의 논의를 언급하면서 다른 곳에서 우리가 논증했듯이, 도덕 원칙들의 분명한 표현은 실천에 이미 암시되고 있는 것에 의존한다. Amesbury, *Morality and Social Criticism*, 4장과 5장을 보라. 인권의 실천 없이는 국제적 선언들은 아무리 고결하다고 해도 공허한 것으로 남고 왜곡과 악용에 노출된다. 도덕 전통들을 복수성을 고려할 때, 지역 수준의 다양한 해석은 충분히 예기할 수 있고, 특정한 인권 형식이 만장일치로 승인된다고 하더라도 지역적인 통찰력은 존중되어야 한다.
25) Henkin, "Religion, Religions, and Human Rights," 239.

신학과 보편적 인간 존엄성

인간이 양도할 수 없는 권리를 가지고 있다는 주장의 개연성은 많은 부분 인간이 되는 것이 무엇을 의미하는지에 달려 있지만(인간의 존재론), 인간 본성이나 인간의 존엄성의 상상 가능한 모든 이해가 인권과 양립하는 것은 아니다. 인간 존재론 중에서 귀중한 견해들이 종교적 전통들에서 발견되는데, 종교적 전통들은 일반적으로 이 문제에 대해서 깊은 성찰을 권한다. 좋든 싫든 간에, 종교들은 인간 본성에 관한 주장들을 구체적으로 표현하는 경향이 있고, 신에 대한 숙고와 인간에 대한 숙고 사이의 깊은 연관성을 이해하기 위해서 포이에르바흐(Feuerbach)가 신학을 인간학으로 환원한 것을 승인할 이유는 없다. 종교는 인도주의적 도덕 사상의 발전에 본래적인 자원이며, 다양한 방법으로 그 발전에 기여해왔다.

그럼에도 불구하고, 종교는 인간 존엄성의 주장과 배치되는 사고 습관과 행동 양태에 깊게 관련되어 왔으며 또한 관련되어 있다는 것을 솔직하게 인정해야 한다. 종교인들은 세계에서 가장 악랄한 인권 침해자들에 속해왔고, 종교의 이름으로 행해진 선들이 그 죄악을 보상할 수 없다. 사회학적인 혹은 역사적인 관점에서 볼 때 종교가 분리된 범주에 속한다면, 종교는 분명히 모호한 기구이다.

최근에 종교 연구의 개념을 순전히 기술적인 분야—'세계 종교들'을 자연발생적인 것으로, 각각은 독특한 본질을 가진 것으로-로 이해하는 것은 도전받아왔고, 종교 학자들은 이전과는 달리 자신들의 연구가 가치중립적이지 않은 것으로 인정해야만 했다. 종종 인권과 다양한 종교의 관계는 불편부당한 답변이 주어질 수 있는 순전히 기술적인 문제로 접근되어 왔다. 그러나 무엇이 '진정한' 유대교, 이슬람교, 불교 등을 구성하는지에 대한 승인되지 않은 가정을 감춘 채, 소위 세계 종교들을 대변하는 이러한 (종종 외부인들에 의한) 노력들은 잠재적으로 규범적인 것이다.[26]

이러한 이유로 인권 개념에 대한 종교적 정당화를 주장하는 과업은 당연히 신학적으로 남는다. - 이 과업은 자신이 이해한, 자신의 전통 안에서 자신의 책임을 인지할 때 가장 잘 이뤄질 수 있다. 신학은 자신이 속한 전통의 정신에 충실하게 남아 있기를 추구하지만, 그 정신을 분별하는 것은 가장 확실하고 심오한 것으로 여겨지는 것의 해석학적 교정이 필요한 해석 작업이기 때문에, 신학은 또한 반드시 자기비판적이며, 구성적이고, 변혁적인 시도이다.[27] 인권의 개념을 자신의 것이 아닌 전통에 기초를 두려는 시도는 우리의 역량과 권리를 넘어서는 것이 되지만, 우리는 아주 간단하게 어떻게 이 과업이 현재 진행되고 있는지 이 시도에 적

---

26) 분명히 해두자면, 문제는 그러한 노력들이 그 자체로 규범적이라는 데 있지 않고, 그 노력들이 은밀하게 그리고 무비판적으로 규범적이라는 데 있다.
27) 신학이라는 용어는 물론 다양한 신론의 상황에서 가장 적합하며 특별히 그리스도교 안에서 그렇다. 유대교와 이슬람교에서는 비판적인 종교적 숙고는 윤리학이나 법학의 형태를 띤다. 그래서 우리는 여기서 신학이라는 용어를 잠정적으로만 사용한다.

합한 학자들과 활동가들 중에 최근의 세 가지 예들을 강조하고 싶다.

오늘날 가장 창조적인 인권의 종교 이론가들 중 하나는 수단 학자인 압둘라히 아메드 안나임(Abdullahi Ahmed An-Na'im)이다. 무슬림인 안나임은 샤리아(이슬람의 법)는 인간의 구성물이고, 그 법이 공식화된 사회적 위치와 그것을 공식화한 사람들의 관심을 반영하고 있으며, 이슬람 자체와 동일시되어서는 안 된다고 주장한다.[28] 대신에 안나임은 점점 더 세속화되고 종교적으로 다원화되는 세계에서 도덕적 중요성과 영향을 재고하도록 노력하는 차원에서 샤리아의 전통적인 원천으로, 특별히 코란과 순나(예언자의 관습)로 돌아갈 것을 권고한다. 우리가 제안한 상황 보편주의와 양립되는 것으로, 안나임은 이슬람이, 그 독특성에도 불구하고, 그 추종자들에게 이슬람교도와 비이슬람교도를 똑같이 모두의 존엄성을 확언해주는 데 필요한 근거를 제공해 줄 수 있다고 믿는다.[29]

---

28) 예를 들면, Abdullahi A. An-Na'im, "Toward an Islamic Hermeneutics for Human Rights," in *Human Rights and Religious Values: An Uneasy Relationship?*, ed. Abdullahi A. An-Naiim et al.(Amsterdam: Editions Rodopi, 1995), 238을 보라.
29) 그는 말하길, "보편적으로 합의된 인권과 관련해서 한편에서의 규범적 제도에 관한 '내부적' 헌신이 (그 혹은 그녀가 어떤 편에 속하든 관계없이) 다른 편을 제외시킬 필요도 없고 제외시켜서도 안 된다. 나의 입장에서는 중요한 것은 종교적·문화적·이데올로기적 제도로부터 추상적 혹은 절대적 중립성의 가능성이 아니다. 오히려 문제는 다양한 규범적 제도들에 관한

유대교 안에서도 인권의 옹호자들은 종종 인간이 '베쩰렘 엘로힘'("하나님의 형상으로")으로 창조되었다는 율법서(Torah)의 주장을 언급한다.30) 보편적 인간 존엄성의 이 똑같은 개념은 "고문에 관한 랍비 서신"의 서명인들이 조지 부시 대통령과 미국 국회의원들에게 2005년에 호소한 내용이다.

우리는 가장 근본적인 윤리적 기준이 세계의 창조주이며 모든 인류의 부모인 하나님에 대한 믿음으로부터 유래되었는데, 모든 인간은 하나님의 형상을 반영하는 것이라고 이해한다. 고문은 하나님의 형상을 부수며 더럽힌다.31)

유대 전통에 깊이 뿌리내리고 있으면서, 인간은 신의 형상을 반영하고 다른 차이들에도 불구하고 보편 인류애에 참여한다는 교리는 종교적인 유대인들에게 그러한 인간 본성의 개념을 제공한다. — 이방인, 낯선 자, 그리고 원수에게까지도 윤리적 의무를

헌신을 보편적 인권의 개념에 관한 헌신과 어떻게 화해시킬 것인가 하는 점이다." *Ibid.*, 229.
30) 의미심장한 것은, '베쩰렘'(B'Tselem)이 이스라엘의 인권 침해를 감시하고 보도하는 일에 헌신하는 조직인 이스라엘 점령 지역에서의 인권 정보 센터의 이름이라는 점이다.
31) Rabbi Gerry Serotta et al., "Rabbinic Letter on Torture," *Rabbis for Human Rights-North America*(27 January, 2005), http://www.rhr-na.org/initiatives/torture/letter012705B.html(8 June, 2006).

부과하는 것으로 이해되는 인간 본성이다.32) 더욱이 다양한 학자들이 주장해 왔듯이, 이 보편 인류애는 랍비 전통 안에서도 인간 개체성과 독자성과도 양립하는 것으로 – 그리고 심지어는 상호 요청하는 것으로 – 이해된다.33)

불교 윤리학자들 중에서 불교와 인권 개념의 양립성에 대한 뜨거운 논의가 현재 이뤄지고 있다. 둘의 일치를 문제시하는 사람들은 부처의 지속되는 '자아'의 거부와 서구적인 개념의 권리에 대한 (자아의 환영적 이해에 바탕을 둔) 불교의 분명한 거부를 지적한다.34) 더욱이 인간 존엄성에 기초를 놓으려는 공공연한 유신론적 노력은, 예를 들면, 바로 앞서 설명된 유대교적 견해는, 불교의 상황에서는 당연히 문제가 된다. 그럼에도 불구하고 불교의 많

---

32) 주목할만한 것은, 유대교 사상가들과 공동체들이 수단의 다르푸르의 인종학살을 종식시키는 운동에 중요한 역할을 했다는 점이다.
33) 예를 들면, Elliott N. Dorff, "A Jewish Perspective on Human Rights," *Human Rights and Responsibilities in the World Religions*, ed. Runzo et al., 211-213; 그리고 Irving Greenberg, "Grounding Democracy in Reverence for Life: A View from Judalism," in *Religions in Dialogue: From Theocracy to Democracy*, ed. Alan Race and Ingrid Shafer(Aldershot, UK: Ashgate, 2002), 30을 보라. 유대교와 인권의 관계에 관한 좀 더 상세하고 세심한 연구는, Peter J. Haas, *Human Rights and the World's Major Religions*, vol. 1, The Jewish Tradition(Westport, Conn.: Praeger, 2005)을 보라.
34) 이 논쟁에 관한 연구는, Robert E. Florida, *Human Rights and the World's Major Religions*, vol. 5, The Buddhist Tradition(Westport, Conn.: Praeger, 2005), 9-34를 보라.

은 사상가는 불교가 그 추종자들에게 보편적 인간 존엄성을 제공할 수 있고, 제공한다고 주장한다. - '서구적'인 자율적 자아의 개념이 아니라 불교의 독특한 인간 이해에 바탕을 둔 보편적 인간 존엄성이다. 다미엔 키온(Damien Keown)에 의하면, 예를 들어, 인간 존엄성은 '부처-본성'인 각성의 보편적 능력의 반영이다.

> 불교는 우리가 모두 잠재적 부처라고 가르친다. … 이 각성의 일반적 가능성에 의해서, 모든 개인은 존경을 받을 가치가 있고, 그래서 각 개인의 권리는 보호되어야 한다고 정의는 요구한다.[35]

이러한 연관성에서 노벨 평화상 수상자인 두 불교도들 - 열네 번째 달라이 라마(Dalai Lama)와 아웅 산 수키(Aung San Suu Kyi) - 은 모두 인권운동가이고 그들은 자신들을 반대하는 사람들을 인류의 영역 밖에 놓는 것을 거부하는 놀랄만한 방식을 사용했기 때문에 두드러진다는 것은 주목할만하다.

케이스 워드(Keith Ward)는 "종교 전통들 간의 차이들은 인간 본성에 관한 그들의 시각보다 더 분명한 곳은 없다."[36]고 말한다.

---

35) Damien Keown, *Buddhism: A Very Short Introduction*(Oxford: Oxford University Press, 1996), 105. 이 논점의 좀 더 발전된 논의는, Damien Keown, "Are There 'Human Rights' in Buddhism?," *Journal of Buddhist Ethics* 2(1995): 3-27을 보라.

36) Keith Ward, *Religion and Human Nature*(Oxford: Clarendon, 1998), 324.

이 다양성은 인권의 핵심 개념에 공동으로 헌신하는 기대를 약화시킨다고 자연스럽게 받아들여진다. 그러나 우리가 보이려고 한 것처럼 인간 본성에 관한 독특한 관점들의 다양성은 그 자체로 보편적 인간 존엄성의 상호적 인정과 양립 불가능하지 않다. 우리가 설명한 각각의 경우에, 그리고 우리가 설명하지 못한 좀 더 많은 경우에, 보편적 인간 존엄성의 개념은 특정 전통에 내재된 자원에 의해서 공급된다. 더욱이 — 그리고 일반적인 기대와는 반대되게 — 보편성의 가장 강력한 경우는 최소 공통분모에서보다는 보통 각 전통에서 가장 '두터운' 그리고 가장 독특한 것으로부터 기원하는 것 같다. 그러므로 세계의 종교들이 (모든 사람이 아니라면) 많은 사람에게 도덕적 통찰의 주요한 근원으로 남는 한, 인권에 가치를 두는, 다양한 전통에 속한 구성원들은 효과적으로 인권 개념의 지지를 그(녀)가 속한 전통에서 찾으면서, 다른 사람들과 협력해서 일을 할 수 있다.[37] 이러한 방법으로, 모두를 위한 상호적 책임은 가능한 한 많은 전통에 의해서 지지될 것인데, 그러한 지지의 이유들이 다양하다고 할지라도 그렇다.[38]

---

[37] 최근의 예는, "Torture Is a Moral Issue" 선언서인데, 고문 반대를 위한 전국적 종교위원회에 의해서 초안되었고 그리스도인, 유대교인, 무슬림, 그리고 시크교도들을 포함한 다양한 미국 전통들의 지도자들에 의해서 승인되었다. 이 선언문은 2006년 6월 13일에 *New York Times*에 광고로 출판되었다.

[38] 인권사상의 종교적 정당화를 주장하기 위해서 인권 논의가 종교에서만 유래했다고 주장할 필요는 없다. 인권의 뿌리가 종교적 토양에 묻혀 있지만,

상호적 지지

헨킨은 인권사상에 대한 "보편적 수용과 보편적 참여"는 "구체적으로 동의한 용어로 표현되어야" 한다고 주장했지만, 우리는 인권을 실천하는 데 있어서 인식과 실현은 종교적인 용어들을 포함한, 구체적 도덕 용어들의 다양성의 여지를 허락할 때 더 잘 성취될 수 있다고 주장했다. 더욱이 인간 존엄성의 가장 확고한 개념-가장 풍부한 인간 존재론-은 종종 다양한 전통들에서 공유된 것들보다는, 가장 '두터운' 것과 그래서 가장 독특한 것에 기초한다고 주장했다. 그렇기 때문에, 원칙적으로 인권사상의 보편성이 종교의 특수성과 양립하지 않는다고 생각할 이유가 전혀 없다. 실제로, 관련된 보편성을 확증하는 것은 (종교적이든 혹은 비종교적이든) 특정한 전통의 특수성에 기초를 놓도록 요청한다고 할 수 있다. 이것이 상황 보편주의의 중심 주장이다.

우리가 지금 알고 있는 인권 개념은 부분적으로 종교적인 억압에 대한 반작용으로 나타났다. 조셉 히스(Joseph Heath)는 신앙인들이 인권을 자신의 공적으로 인정받으려는 시도는 프랑코 장군이 피카소의 게르니카에 영감을 주었다고 주장하는 것과 비슷하다고 말했다. Joseph Heath, "Human Rights Have Nothing to Do with Christianity," *Montreal Gazette*(18 March, 2003). 그러나 새로운 사상은 이미 받아들여진 것에 관련된 정당화를 요구하며, 어떠한 사상이 유래한 역사적 상황과 그 사상이 이론적 지지를 받는 상황을 구분하는 것은 중요하다. 그래서 (다양한 신념을 가진) 신앙인들이 자신의 공적으로 여기지 않고 인권사상에 책임을 지는 일은 가능하다. 그럼에도 다음 장에서 보게 되겠지만, 어떤 공적은 인정받을만하다.

물론 많은 부분이 해당 전통의 특성에 의해 좌우될 것이고, (종교가 어떤 의미로 사용되는지에 대한 분명한 언급 없이) 종교는 반드시 인권사상을 받아들인다는 것은 터무니없는 주장이다. '종교'는 결국 여러 사람에게 여러 가지 의미로 이해되며, 종교적 신념과 실천의 상당부분은 인권사상과 분명히 배치된다. 결과적으로, 인권사상의 종교적 근거를 주장하는 과업은 신학적이며, 구성적이어야 한다. 그러나 인권사상을 지지하는 모든 사람 - 그들의 구체적 동기들이 무엇이든 간에 - 은 다른 종교적이든 비종교적이든 다른 전통에 있는 사람들이 추구하는 그런 종교적 노력을 장려하는 것이 좋다. 다양한 정당화가 하나의 도덕 진리와 양립 가능하고, 하나의 전통에 의한 인권의 '소유권'이 문제가 되지 않게 인식된다면, 이런 종류의 관대한 분위기는 더 쉽게 형성될 것이다. 만약 이것이 정확하다면, 모든 종파의 인권 옹호자들에게는 좋은 소식이 될 것이다. 현재 우리 시대에, 인권사상은 가용한 모든 친구를 얻는 것이 필요하다.

5장

그리스도교와 인권: 역사적인 시각

역사적으로 그리스도교와 인권의 관계는 복잡하고 논쟁 중이다. 한편으로는 존엄성, 평등, 자유, 그리고 정의의 그리스도교적인 이해가 현재의 인간관과 보편적 권리의 개념 발전에 중요한 역할을 했다. 다른 한편으로는, 이러한 권리가 실제로 실현되는 것은 교회의 교리적 정통성, 반대자와 비그리스도인에 대한 핍박, 불의한 사회와 정치적 체제의 공모 등에 의해서 심각하게 제한되었다. 지면 관계상 여기에서 제대로 다루지 못할 역사적으로 굉장히 중요한 사건들이 많지만, 본 장에서는 그리스도교의 사상과 실천에서 인권과 관련한 긍정적이고 부정적인 발전을 강조하며 이 역사의 형성을 개괄적으로 추적하려고 한다.

초대 교회

초대 교회 그리스도인들이 예수와 관련된 사건들 - 그의 생애, 그의 가르침, 그리고 그의 죽음의 두렵고 굴욕적인 상황 - 을 이해하려고 노력하면서, 상이하거나 때로는 상충하는 해석들이 급격히 증가했다. 적어도 몇몇 추종자들은 이스라엘의 하나님의 영속하는 계획에 예수가 중요한 역할을 담당한다고 믿었다. 이 초기 그리스도교 공동체들은 예수를 부활한 분으로 혹은 유일한 구세주 예언자로서 이해하기 시작했고, 결국 그를 하나님으로 예배하기 시작했다.

의심의 여지없이, 몇몇 그리스도교 공동체들은 하나님의 나라가 즉각적인 정치적 변화와 함께 시작될 것으로 기대했지만 주류가 된 이해는 부활한 예수를 통해서 육체적 죽음을 넘어서 계속되는, 믿음의 종말론적 선물로서의 구원이다. 현세의 세계는 일시적인 중요성만을 지니며, 하늘의 왕국에 의해 곧 교체될 것으로 여겨졌고, 예수 가르침의 사회정치적 측면을 강조하는 공동체들은 기록에서 배제되었다. - 모든 종교적 전통의 발전에서 발생하는 주변화의 중요한 예이다.

소수 문화에 바탕을 두고 있고 적대감을 경험하는 공동체는 주류 문화의 인권 문제를 생각할 뚜렷한 동기를 갖고 있지 않다. 좀 더 긴급한 것은 작고 연약한 모임에 대해 관용과 보호를 간청하는 것이다. 관용의 개념과 평등의 주장은 다양한 공동체에서 다양한 형태로 구체화되었다. 영향력 있는 바울 공동체의 주 강조점은 권리를 주장하는 것이 아니라 겸손과 비움(kenosis)을 행하는 것이다. 물론 이것은, 특별히 예수의 가르침과 행위를 관통하는 낯선 자들에 관한 관심과 연관될 때 타자들의 권리를 우대하는 선교에 효과적인 기폭제가 될 수 있다. 그러나 이러한 계열의 생각은 그리스도인들이 로마 제국에서 주요 역할자가 되었을 때에만 열매를 맺을 수 있다. 표면적으로는 역설적이게도, 권력과 결탁한 그리스도교는 이러한 윤리적이고 종교적인 이상을 실현할 능력을 방해한다.

오늘날 신학생들에게 매우 익숙한 그리스도론적이고 삼위일체적인 교리의 발전에 대한 강조는, 의심의 여지없이 교회의 역사 대부분을 포괄하는 지적 활동의 주요 궤도를 정확하게 반영한다. 그것은 합의된 교리 기준들을 필요로 하며 종종 소수자 이야기를 하는 사람들을 가혹하게 다루게 한다. "실수는 권리가 없다"는 불명예스러운 금언은 다양성의 존중을 효과적으로 방해한다. 교회가 정치적 중요성을 얻기 시작하면서, 교회는 국가를 움직여서 반대자들을 억압할 수 있게 되었다. 교회라는 문화적 범주가 점점 더 요청하게 되는 신학적 확실성에 대한 주장은 종교적 불관용과 핍박으로 이어졌다.

그리스도론적인 신비를 명확하게 하려는 노력이 점점 더 강렬해지고 정치화되면서 하나님을 이해하는 데 예수 그리스도의 궁극적 중요성을 가장 효과적으로 강조하는 형식들이 선호되었다.

그러나 이렇게 하기 위해서 다르지만, 종종 신실한 주장을 지지하는 사람들을 배척해야 하는 값을 치러야 했다. 그리스도인들이 핍박을 당했다. 그리스도인들이 핍박했다. 신학적 명령은 반대방향을 지시하는 것처럼 보인다. 한편으로는 사랑이 아주 중요한 덕이다. 다른 한편으로 진리는 최고의 것이며, 비진리에 속하거나 거짓 교리들로 다른 사람들을 설득하는 사람들은 영혼을 파괴했다. 이러한 이유로, 가혹한 처벌은 신적 명령이었다.

초월에 관한 비그리스도교적인 개념과의 대화와 관련해서, 그리스도교와 그리스-로마의 철학적·신학적 가치들 사이의 상보성의 요소에 관한 조기의 관점은 명백히 '그리스도교적'이지 않은 것들을 시종일관 가치 절하하는 길을 열어주었다. 이 긴장의 예증은 아우구스티누스(Augustine)의 작품인데, 고전 문화에 관해 놀라운 유창함을 보임에도 불구하고, 그는 고전문화의 중심 가치들 중 많은 것을 부정하게 되었다. 더욱이 누가복음 14:23에 관한 치명적인 해석 - 그들을 억지로라도 들어가게 하라. - 은 반대자들과 비그리스도인들의 박해를 지지하게 했다.

물론 초기 그리스도교 전통에 인간 존엄성을 인정하도록 하는 것과 무조건적 공감과 동정을 권면하는 중요한 구절들이 있다. 그리스도인들은 끊임없이 사랑을 권고하는 본문의 설교를 들었다. -예를 들면, 마태복음 5:44("너희 원수를 사랑하며") 그리고 요한복음 15:12("내가 너희를 사랑한 것 같이 너희도 서로 사랑하라")이다. 사도시대의 교부들 사이에서, 이타주의는 디오그네투스

(Diognetus)에게 보낸 편지를 특징지으며(특별히 7장), 이타주의의 전통은 설교와 자선 행위에서 잘 확립되어 있었다. 테르툴리아누스(Tertullian)와 아테나고라스(Athenagoras)는 그리스도인들의 양심의 자유를 변호했다. 락탄티우스(Lactantius)는 자주 인용되는 구절에서 더 나아가서 종교의 모든 자유를 변호한다. "자유는 종교에 머물기 위해 선택되었다. 종교만큼 자유의지의 문제인 것은 없으며 아무도 자신이 예배하기로 선택하지 않은 것을 예배하도록 강요될 수 없다."[1] 이것 외에도 성서 주석으로부터 생겨나는 우리가 지금 인권 문제로 여길 많은 관심에 대한 증거가 있다. - 니사의 그레고리(Gregory of Nyssa)의 노예제에 대한 (산발적이지만 분명한) 저주; 과부, 가난한 자, 그리고 병자에 대한 우선적 관심; 그리고 자선 행위의 발전이다.

그러나 현실 순응을 위한 요구들은 실제로 이러한 주제들을 잠재우는 역할을 했다. 사회에서 덜 권위주의적인 사고방식의 발전은 교회가 자신이 이미 갖고 있던 것, 그러나 대체로 묻어두었던 것을 다시 발견하는 데 필요하다. 이것을 위해서 교회는 유일신론의 다소 배타적인 경향성과 불관용의 표현을 제어하는 것을 배워야 한다.

---

[1] Lactantius, *Divinarum Institutionum*, CSEL 19:463-65, PL 6:1061.

중세시대

중세 시기에 그리스도교 세계는 많은 지역에서 신앙과 실천의 굉장한 다양성 그리고 문화적 복수성과 간문화적 사고의 역설에 의해 특징지어지는데, 일치와 획일성을 혼동하는 지속되어온 경향성에 반대하며, 그리스도교에 교리적이고 윤리적인 죄수복을 입히려는 시도를 반대했다.

토마스 아퀴나스(Thomas Aquinas)는 하나님의 형상 은유를 폭넓게 사용하는데, 인간이 다른 모든 동물과 구별되게, 하나님의 형상으로 만들어졌고 하나님을 알 능력이 있다는 것을 보여준다. 개인의 존엄성에 관한 강조는 인권 문화의 발전이 가능한 조건을 만드는 데 도움을 준다.[2] 브라이언 티어니(Brian Tierney)는 이렇게 쓴다.

12세기에 인간 개인의 도덕적 완전에 관한 관심은 자연권 이론을 최초로 자극했다. 자율적인 교회는 그 자신의 권리를 주장했고 국가가 절대적이 되지 않게 하기 위해서 국가의 권력을 제한했다. 개인의 시민권은 부분적으로는 증대하는 교회법에 의해서 형성된 공동체 기관들의 상황 안에서 성장했다. 이 논점은 좀 더 광범위한 함의를 가지고 있다. 서구의 권리 이론은 초기 근대 자본주의

---

[2] 인권의 중세 배경에 관해서는, 로저 루스톤(Rober Ruston)의 책 *Human Rights and the Image of God*(London: SCM, 2004)에서 다뤄졌다.

나 중세 후기 유명론에 그 기원을 갖고 있지 않다. 오히려 우리 정치 문화의 많은 부분을 형성한 그리스도교 인도주의에 좀 더 깊게 뿌리 내리고 있다.3)

중세 교회법은 성직자, 교회 조직, 교회 의회, 평신도, 그리고 가난한 자의 권리를 정의했다. 그 당시의 사상가들은 추상적인 측면에서 인권에 관해 저술하지 않았고, 전쟁처럼 권리에 관한 의문이 생기는 사회적 문제들에 관해 저술했다. 로마법에 근거한 정당전쟁론의 발전은 이 시기의 그리스도교 도덕 신학의 정교함을 설명한다.

그러나 이러한 신학적 통찰력은 실제로는 좀 더 강력한 사회정치적 고려들에 의해 종종 무시되었으며 정통주의의 요구들은 신학적 발전을 위해 필요한 공간을 제한했다. 이단은 악과 도덕적 죄와 연관되었으며 성적인 일탈의 형태로 도덕적인 비열 행위에 대한 고발은 이단소송에 종종 언급되었다. 개혁적 법률가인 쟝 게르손(Jean Gerson)조차도 이단을 교회에 대한 배신자뿐 아니라 하나님에 대한 배신자로 보았다. 그럼에도 불구하고 인정되어야 하는 것은 중세시대가 굉장히 다양한 문화, 이론, 실천을 포괄하고 있으며(오늘날의 대중적 견해와 반대되게), 종교개혁이 새벽이 오기 전 어둠이었다는 것과는 상당히 거리가 멀다.

---

3) Brian Tierney, *Rights, Laws and Infallibility in Medieval Thought*(Aldershot, UK: Variorum, 1997), 174-175.

종교개혁과 권리

부분적으로는 르네상스의 양상에 의해서 예기되었던 종교개혁은 개인적 재판과 그리스도교의 자유를 호소했는데, 한 세기 후에 관용에 관한 논의를 촉발했다. 그러나 양심의 소리와 하나님의 음성을 동일시하는 경향성이 이것을 제한했고 새로운 권위주의를 만들어냈다.[4] 칼뱅의 세네미는, 예를 들면, 신자들의 합의(consensus fidelium)에 근거해서 세워졌는데, 그것에 의하면 종교개혁 체제에서 개인은, 하나님에 의해 선택된 공동체를 대신해서 일하는, 다스리는 장로들에게 복종할 신석 의무가 있다. 개인의 자유에 관한 루터의 강력한 그리스도론적 강조점과 주권적인 하나님의 절대자유 선포에도 불구하고 관용은 언약공동체를 비판하는 사람에게까지 확대되지 않았다.

16세기의 고전을 연구한 롤랜드 베인톤(Roland Bainton)은 불관용의 근원을 사악함 그 자체가 아닌 신학적 확신에 두었다.[5] 양심은 그러한 주장을 하지 않는다. 한 인간은 "권리를 갖기 위해서 반드시 옳아야 한다."[6] 만약 오류를 범한 사람이 권리를 가질 수

---

4) 종교개혁은 물론 성서의 중요성에 대한 새로운 강조를 불러일으켰다. 본 장의 마지막 부분에서 성서 해석에 관해 다룰 것이다.
5) Roland Bainton, *The Reformation of the Sixteenth Century*(London: Hodder and Stoughton, 1953); 그리고 *Studies on the Reformation*(London: Hodder and Stoughton, 1963)을 보라.
6) Bainton, *The Reformation of the Sixteenth Century*, 215.

없다면, 정통의 집행자는 – 어떤 유형이든지 – 한계를 거의 인정하지 않는다. 베인톤이 인지한 대로, "성자를 불태운 것은 성자들이었다."[7] 그리스도교 세계 안에서 소외된 그룹들의 처형자들 기록의 공식적 통계는 교회 규범을 따르지 않은 사람들이 겪은 대부분의 축적된 고통을 거의 반영하지 않는다.[8]

그리스도인들과 타자들

물론 비주류 그리스도인들이 '성자들'의 독재적 열정에 고통당한 사람들만은 아니다. 유대인들, 무슬림, 그리고 비유럽인들 또한 교회 역사의 희생자들 중에 두드러진 사람들이다. 이 역사의 많은 시간 동안, 그리스도인 되는 것은 반유대주의가 되는 것이었다. 예수는 물론 유대인이었고 그리스도교는 초기에 유대주의의 한 분파였다. – 1세기의 많은 개혁운동 중 하나였다. 그러나 그리스도교가 독자적인 전통으로 발전되고 로마 제국의 국교로 정치적 중요성을 획득하면서, 구원사에서 유대주의를 대체했다고 주장했다. 이 대체신학의 논리에 의하면, 유대주의의 잔존은 교회에 불

---

7) Bainton, *Studies on the Reformation*, vii.
8) 칼뱅의 권위주의에 관해서 그의 비판가 사바스티안 카스텔리오(Sabastian Castellio)는 "사람을 죽이는 것이 교리를 수호하는 것은 아니다. 단지 사람을 죽이는 것이다."라고 말했다. Sabastian Castellio, *Contra Libellum Calvini*, Eb, Cal. 77, Bainton, *The Reformation of the Sixteenth Century*, 177에서 인용했다.

명예스러운 일이며, 교회는 "새로운 이스라엘"이라고 주장했다. 유대인들은 유럽에서 "그리스도 살인자들"로 악마화되었고, 유대인 강제 거주 구역으로 내쫓겼고, 핍박당하고 주기적인 학살을 당했다. 중세시대에 십자군들은 예루살렘으로 가는 도중에 유럽에 있는 유대인들을 학살했다. 유대인들에 대한 적대감은 중세 가톨릭에 한정되지 않는다. 루터는 잘 알려진 대로 그의 말년에 유대교 회당들을 불태워야 하며 유대인들은 그들의 집에서 쫓겨나야 한다고 주장했다. 랍비, 기도책, 그리고 탈무드를 박탈하고, 그들의 소유를 빼앗고, 그리스도인들을 위해서 억지로라도 일해야 한다고 주장했다. 많은 유대인은 무슬림의 영도로 도망갔는데, 그들은 거기에서 "책의 민족"(People of the Book)으로서 너그러운 종교적 관용으로 대접받았다.

그러나 유대인들이 그리스도교를 포용하는 데 실패했다고 비난받는다면, 무슬림은 이단자로 혐오되었고, 이슬람은 진정한 신앙의 비삼위일체적 타락으로 취급된 것이다. 단테의 지옥 편에서, 예를 들면, 무함마드와 그의 사위 알리는 지옥에 있는데, 그들은 "수치와 분열의 선전자"로서 악마에 의해서 반복적으로 절단되는 것으로 그려진다. 반이슬람 정서는 십자군에서 최고점에 이르렀다. 그리스도교 유럽인들이 무슬림을 성지에서 쫓아내려던 계속된 시도는 실패했음에도 불구하고 그들은 무어인들(안달루시아 지방의 무슬림)과 유대인을 스페인에서 1497년에 추방했는데, 같은 해에 콜롬부스는 그의 유명한 항해를 완성했다.

1453년에 콘스탄티노플은 오트만투루크에 의해서 함락되었고, 콜롬부스와 다른 유럽 탐험가들에 의해 영감을 받은 유럽의 그리스도인들은 그들의 관심을 서쪽으로 돌렸다. 새로운 세계로의 식민지 확장을 하는 기간 동안, 노예들은 본성적으로 노예상태에 있다는 아리스토텔레스의 주장과, 노예생활은 죄에 대한 처벌이라는 아퀴나스의 주장은, 토착민들을 정복하고 착취하는 것을 정당화하는 데 사용되었다. 그러나 소수의 신학자들은 신학적 근거로부터 이러한 주장들을 반대했다. 이 시기 동안 바돌로메 드 라스 카사스(Bartolome de las Casas)는 권리 논의의 역사에서 예언적 인물로 등장한다. 라스 카사스는 법적인 격언인 "모두에게 영향을 끼치는 것은 모든 이들에게 승인받아야 한다."에 호소하며 동의에 의한 정부를 요구했다. 토착민들에게 관대했음에도 불구하고, 라스 카사스는 이단에 대해서는 가혹했다. 지금처럼 그때도, 차이에 대한 존중은 선택적이었다. 궁극적으로 계몽주의가 권위주의 전통의 틀을 깨고 전통적 그리스도론적 전통의 침전물로 얼어 있던 인간 존엄성과 개인 권리의 많은 자원을 해방시켰다.

계몽주의와 19세기

19세기와 계몽주의의 자유주의 신학은, '아래로부터'의 인도주의적 그리스도론에 대한 강조와 하나님 나라의 사회 윤리에 대한 관심과 함께 소외당한 자들에 관한 후대의 신학적 관심의 가능성을 열어놓았다. 슐라이어마허와 리츨의 그리스도론은 인간 예수를 동정과 친절의 모범으로 제시했고, (슐라이어마허의 경우) 축복과 회복의 상태를 개인에게로 돌렸으며, (리츨의 경우) 하나님 왕국의 건설을 위한 공동의 사회적 행동을 권고했다. 이 새로운 그리스도론은 권위주의 공동체가 가진 문제를 해결했지만, 다른 문제들을 일으켰다. 그래도 손실보다는 이득이 더 컸는데, 그것은 우리가 그 시기에 돌릴 수 있는 비판적 합리성이 계속 갱신되는 현대 비판 연구의 틀을 가능하게 했기 때문이다.

이 시기에 관용과 종교적 자유에 관한 신학적 요청들이 증가하고 있었다. 그러나 계몽주의는 그 제한된 통찰력과 권위주의의 결과 때문에 정당한 비판을 받았다. 계몽주의 입장에서 본 관용, 자유, 정의, 그리고 평등은 특정이익 집단에 제한되었고, 그 한계를 충분하게 벗어나지 못했다.

19세기는 그리스도인들 사이에 노예제에 관한 심각한 논쟁을 보여주었다. 마크 놀(Mark Noll)이 보여주듯이, 노예제를 옹호한 사람들은 성서 본문을 증거로 사용했던 반면, 노예제 반대자들은 그리스도교의 평등과 자유의 개념을 호소하는 신학적 근거에 의지했다.[9] 노예가 된 그리스도인들은 출애굽 이야기 같은 해방에 관한 성서의 주장에서 특별한 의미를 발견했다. 성서해석에 관한

---

9) Mark A. Noll, *The Civil War as a Theological Crisis*(Chapel Hill, N.C.: University of North Carolina Press, 2006)를 보라.

신학적 논쟁과 관련해서, 노예제에 관한 논쟁은 20세기와 21세기의 성과 성 정체성에 관한 논쟁을 예시한다.

20세기

20세기의 그리스도 중심 신학의 위대한 옹호자는 물론 칼 바르트(Karl Barth)였다. 그의 그리스도론은 어느 정도까지 인권을 위한 그리스도론으로 이해될 수 있는가? 긍정적인 측면에서, 바르트의 은혜의 신학은 복음의 자유와 창조의 중심에 있는 하나님의 무조건적 사랑에 관한 깊이 있는 이해이다. 모든 사람, 남자나 여자 모두의 인간 존엄성은 하나님의 형상에서 확인된다. 하나님의 견지에서 모든 인간은 동등하며, 사회 정의는 중요하다. 그리스도 안에서 노예나 자유자가 없다. 정치적 자유가 긍정된다. 모든 종류의 전체주의적 정치 이념은 우상이다. 예수 그리스도가 모든 인류를 구원하기 위해서 죽었기 때문에, 사형에 관한 이야기는 신성모독과 동등하다. 전쟁은 항상 죄악이고, 비폭력은 거의 언제나 그리스도인의 선택이다. 바르트는 히틀러에게 충성 서약을 거부한 것으로 유명하며 1935년에 교직을 빼앗겼다.

부정적인 측면에서, 바르트는 남자와 여자의 관계에서 많은 비판을 받는 가부장적 성서의 경향을 지지하는 사람이며, 시민권, 소수민족 차별, 혹은 세계 기근에 관한 직접적인 언급이 없다. 『교회교의학』에서는 '인권' 같은 개념을 거의 언급하지 않는다. 1930

년대의 '유대인 문제'와 관련해서 바르트는 정치적이라기보다는 신학적인 문제에 집중했고, 일상이 된 참사를 정당하게 다루는 데 실패했다. 그의 생각에는 유대주의가 구원역사 안에서 유대인 역사가 되었고 정치적 실재는 감추어져 있다. 바르트는 나중에 1934년 바르멘 선언에서 유대인 핍박에 관해 전혀 언급하지 않은 것을 후회했다.

그 시기의 독일 정치의 현실에 관한 좀 더 깊은 관심과 그 실체가 유대인에게 주는 함의는 디트리히 본회퍼(Dietrich Bonhoeffer)의 삶과 저술에서 드러난다. 신학자이며 목사로서 본회퍼는 하나님의 권위를 차지하려는 것처럼 보이는 정권 때문에 점점 더 걱정하게 되었다. 그의 그리스도론은 교회의 구성원 밖에 있는 사람들에 무관심한 교회 승리주의를 비판하게 했다. 그리스도의 이름으로, 본회퍼는 유대인들과 정부 비판자들을 핍박하는 것을 항의했다. 이러한 관점에서 본회퍼는 예외였다. 개인적인 항의자들이 있었지만, 역사학자 대니얼 조나 골드해건(Daniel Jonah Goldhagen)은, "가톨릭이나 개신교나 그 어떤 독일 주교도 유대인들을 대신해서 공개적으로 이야기한 적이 없다."[10]고 표현했다. 폭력에 반대했지만, 본회퍼는 히틀러를 암살하는 모의에 가담했다. — 그가 보기에는 그 행동이 차악이었다. 암살모의에서 그의 역할이 노출

---

10) Daniel Jonah Goldhagen, *Hitler's Willing Executioners: Ordinary Germans and the Holocaust*(New York: Random House, 1996), 110.

되자, 본회퍼는 여러 집단수용소에 수감되었고, 후에 처형되었다.

유럽의 탁월한 가톨릭 사상가들 중에서 그리스도론에 대한 칼 라너(Karl Rahner)의 인류학적 접근은 인간의 존엄성을 특별히 강조했다. 그 결과는 자세하게 연구되지 않았지만, 그의 신학은 가톨릭교회 내에서 인권 문제에 관해 연구를 하는 많은 사람에게 영향을 주었다. 사실상 에드워드 스힐레벡스(Edward Schillebeeckx)도 같은 역할을 했는데, 그에게 현재 경험에 대한 강조는 인간 자유의 중요성을 의미한다.

그러나 20세기의 인권 문화를 다르게 만든 그리스도교적 신념은 학문적 신학 밖에서 생겨났다. 그의 책 *For All Peoples and All Nations*에서, 존 너서(John Nurser)는 교회에서조차 잊은 프레드 놀드(Fred Nolde) 같은 그리스도인들이 세계인권선언의 형성에 중대한 영향을 미쳤다고 자세하게 설명한다.[11] 1938년 세계교회 협의회(WCC)의 구성은 존 맥케이(John R. Mackay)가 1942년에 언급한 대로 "평화를 새겨 넣기 위해서" 그리고 베르사이유 조약의 실수를 반복하지 않기 위해서 여러 개의 교회연합 회의와 위원회를 만들었다. 엘리너 루즈벨트(Eleanor Roosevelt)의 큰 도움에 힘입어 교회연합 운동가들의 작은 단체들은 1948년 12월 10일에 세계인권선언을 채택하도록 유엔을 설득하는 데 성공했다.

---

11) John S. Nurser, *For All Peoples and All Nations: The Ecumenical Church and Human Rights*(Washington, D.C.: Georgetown University Press, 2005)을 보라.

20세기의 후반에 그리스도인들의 인권에 대한 관심은 계속되었는데, 다양한 차원의 영향력을 발휘했다. 이것은 사회정의와 평화를 위한 교단적 그리고 교회적인 위원회들이 많이 생겨난 것을 통해 볼 수 있다. 세계교회협의회는 다양한 차원에서 인권에 관여를 계속해왔는데, 유엔과 정부에 압력을 넣는 것으로부터 비정부기구들의 사업을 돕는 데까지 이른다. 국제 정세에 대한 교회위원회를 통해서, 세계교회협의회는 유엔 인권위원회에 기여했다. 1970년대와 1980년대에 많은 교회는 공개적으로 인권에 관심을 기울였는데, 특별히 환경운동, 세계 경제 발전, 그리고 핵전쟁의 위협과 관련해서 그렇게 해왔다.

그러나 이러한 주제들이 지정학과 밀접한 관련이 있음을 드러내게 되면서, 세속적인 기구들에 영향을 받으면서, 그리고 권력과 권위와 관련된 교회 내부의 갈등과 연관되면서, 인권 문화에 관한 열정은 사그라들었다. 1970년대 초에 세계교회협의회는 보수 정치 집단과 신학 집단의 의심을 받았다. 서구의 가치에 대한 맹목적 승인의 문제를 깨달으면서 신학 분위기의 변화는 좀 더 내부적인 교회론에 집중하게 되었다.

하나의 중요한 예외는, 우리가 1장에서 본 대로, 종종 유럽과 북미 신학 밖에서 해방신학의 확산이다. 해방신학의 다양한 형태들은 전통적으로 소외되어 온 사람들 - 가난한 자, 여성, 소수 인종과 소수 민족, 장애인, 혹은 게이, 레즈비언, 양성애자, 그리고 성전환 공동체들 - 에게 초점을 맞추면서 인권 문제를 심지어는 신학적 관심의 전혀 다른 신학적 방법론을 따른 신학자들에게도 가장 중요한 위치에 놓았다.

성서와 그 해석

이 모든 역사적 회고 속에 성서는 어떤 위치를 차지하는가? 정의와 평등과 관련된 그리스도론적 전통은 성서 해석에 견고하게 깊이 새겨져 있고 히브리 성서와 신약성서 모두에게서 인권의 방향으로 생각하고 행동할 수 있는 많은 이야기가 있다. 그러나 동시에 우리가 현재 이해하는 인권을 심각하게 제한하는 불리한 성서 구절들도, 인종 학살과 문화적 차별의 많은 경우를 포함해서 많다. 이러한 유의 구절들이 성서 해석의 역사에 지속되었고 인권 개념을 이해하는 데 방해했을 것이다.

이미 우리는 인권 의식을 고취하는 정의와 공의에 관한 성서적 입장에 대해 언급했다. 모든 사람은 그리스도 안에서 동등하며 독자성을 받았고, 이 선물은 모든 인류에게 유효하다. 그러나 많은 연구가 보여주듯이, 성서의 이미지는 인도주의적인 자세를 발전시키는 데 촉매제 역할을 했던 만큼 또한 (사형제도, 노예제, 가부장제의 경우에서처럼) 방해되는 요소였다. 무조건적 사랑과 용서를 주창하는 그리스도론적인 구절들은 성서 주석의 역사에서 두드러지지 않는다. 절대 군주와 무자비한 심판자로서의 그리스도 이미지는 곤고한 사람들과 자신을 동일시하는 수난자로서의 그리스도 이미지만큼이나 영향력이 컸다.

신약성서에서 신학적 문제의 대부분은 자연스럽게 예수 그리스도와 관련되어 논의의 초점이 모아진다. 그러나 신약성서는 구약성서에 기초해 있고, 히브리 성서는 인권 문제와 관련한 상당한 자료들을 포함하고 있고, 그리스도교에게도 상당한 중요성을 지닌다. 물론 그 자료들은 근대 인권 이론과 기구에 상당한 기여를 해온 유대교에게도 근본적 중요성을 가진다. 히브리 성서는 많은 인권 이론가들에 의해서 신에 기초한 도덕법의 보편적 틀과 인간의 복지를 존중하는 기초를 제공하는 것으로 읽혀진다. 유대 사상 안에서 히브리 성서 사료의 중요성과 더불어, 개신교 신학에서 맥스 스택하우스(Max Stackhouse), 가톨릭 사회 사상에서 마이클 페리(Michael Perry), 그리고 좀 더 중요하게는 이슬람 저자들에 의해서 이 입장은 발전되었다.

그러나 성서 자료는 또한 '테러의 본문'도 상당하며, 인권의 근대적 발전을 반대하는 데 효과적으로 사용되었다. 인종차별, 노예제도, 여성과 동성애자들의 억압, 반유대주의, 그리고 외국인 혐오 - 이 모든 것이 성서적 근거에 의해서 강력하게 옹호되었다. '문자주의' 해석은 검증을 거치지 않은 문화적 가정의 렌즈를 통한 성서 독법에 의해서 더 강화되어 왔다. 성서 본문은 그 자체로 특정한 문화에 깊이 자리 잡고 있는데, 인권을 반대하고 그 이유로 수백만의 사람을 억압하는 데 오랫동안 주요한 자료가 되었다.

이런 자료는 성서적 보물이 담겨 있는 용기의 흔적으로 - 신비로 받아들여질 것이나 그리스도교의 실천사항에 포함된 것이 아니라, 연구와 해석의 발전하는 전통에서 극복되어야 할 장애물로 간주될 수 있다. 그러나 수많은 사람처럼 성서를 문자적으로 하나님에 의해 영감을 받은 것으로 믿는 그리스도인들은 성서적 금지와 명령의 곤란한 본문을 처리하는 데 큰 어려움을 겪는다. 이 본문들을 좀 더 진보적인 대안들을 고려하며 진지하게 다루려는 사람들은 신학적 통찰이 있는 다른 자료들을 참조해야 한다. 사실상 많은 보수 그리스도인들은 (19세기의) 노예제로부터 (20세기의) 여성의 지위에 이르는 문제들에서 이런 입장에 동조했다. 어쨌든 여기에 하나의 자연스러운 발전 경로는 없고 많은 경우에 좀 더 문자적인 입장이 강화되었다. 사실상 19세기와 20세기 학자들의 기대와는 달리 근본주의적인 해석의 방식이 오늘날 급격하게 증가한다는 증거들이 있다. 이것은 진보적 그리스도인들의 편에서 대화, 옹호, 그리고 설득이 계속적으로 필요하다는 것을 암시한다.

분별의 필요성

앞선 역사 개관은 간략하고 부득이 하게 포괄적인 것과는 거리가 멀지만, 인권과 관련된 그리스도교의 역사는 잘해도 모호할 뿐임을 드러낸다. 오늘의 그리스도인들은 회복할 것도 버려야 할 것도 많은 유산의 상속자들이다. 상속자의 역할은 분별하는 일이다. -악은 회개하고 선한 것들은 계속해야 한다.

이러한 역사적 발전에 대해 돌아보면서 종교적 관용과 존중의 개념이 확대되는 것은 인권 문화의 발전에 가장 중요한 발걸음 중 하나로 나타난다. 신이 수여한 유일한 방식의 사고와 행동이 있다고 사람들이 믿는 한, 그리고 이런 입장이 그들 자신의 독자적인 공동체의 소유물이라고 생각하는 한 진정한 진보를 위한 변화의 가능성은 희박하다. 그리스도론적 반성의 거대한 역사에도 불구하고, 감수성이 예민하고 자기희생적인 사랑의 실현인 그리스도 개념은 종종 정통을 승인하고 불성실한 자들을 저주하는 심판자 그리스도의 이미지에 의해서 가려졌다. 어떤 그리스도교 신학이 과거의 몇몇 함정들을 피하고 인권의 이상이 좀 더 완전하게 실현될 수 있는 미래에 공헌할 수 있을까? 이 문제는 다음 장인 마지막 장의 주제이다.

6장

인권신학을 위하여

본 장은 그리스도교 신학, 특별히 그리스도론과 인권의 관계의 측면을 살펴본다. 인권을 제대로 논의하기 위해서는 인권을 신학적 범주에만 한정할 수는 없다. 그러나 언급하고 넘어가야 할 점은 그리스도교 공동체들과 그리스도인들이 그들의 신앙으로부터 장점을 끌어낼 수 있다는 것인데, 모든 존재의 근원에는 절대 강압적이지 않은 권위가 있고, 그 권위는 무조건적인 사랑의 권위라는 것이다. 그리스도교 신앙은 하나님께서 자기를 비우는 사랑의 형태로 성육신하신 장(field)이 인간임을 분명히 한다.

앞에서 보았듯이, 인권 논의는 보편적 인간 존엄성의 확신을 전제한다. 그러나 인간 존엄성을 주장하는 것이 반드시 인간의 선함을 주장하는 것은 아니다. 오히려 인간은 악하고 폭력적일 수 있기 때문에 인간의 존엄성을 긍정하는 것이 요청된다. 그래서 인권사상과 조화되는 인간론은, 신학적이든 아니든, 인간 본성의 지나친 낙관주의의 입장과 지나치게 부정적인 입장 사이의 균형을 맞춰야 한다. 그리스도론은 — 가장 포괄적으로는 세상에서 자기희생적인 하나님 사랑의 특성을 반영한다. — 그리스도교 신학과 그리스도교 인간론, 신론과 연약하고 존귀한 인간 본성을 연결하는 핵심이다. 그래서 그리스도론은 하나님 사랑에 근거를 둔 인간 존엄성을 설명하는, 즉 인간의 그리스도교적 존재론을 발전시킬 수 있는 자리이다. 그리스도 안에서, 인간들이 서로에게 가하는 고통에 뛰어들면서 하나님은 인간의 삶에 존엄성을 덧입혔다.

물론 믿음의 종말론적 요소, 미래로의 개방성은 우리의 모든 이론이 신적인 사랑의 신비를 지향한다는 것을 상기시킨다. 믿음의 사회역사적 측면은, 그 불확실성과 그 문화적이고 시간적인 한계성과 함께, 진리 이론의 또 다른 측면을 구성한다. 우리는 하나님의 삶에 참여하지만 신비의 길을 가는 순례자로서 참여한다. 하나님의 자기-버림에 초점이 맞춰 있는 그리스도교의 독특한 전통은 공동선이나 신의 특정 해석 중 어느 한 쪽 입장만을 주장하지 않는다. 여기에서 제시되는 그리스도교의 입장은 종교적이거나 비종교적인 다른 기여들과 함께 인권 문제의 긴급한 해결책을 제시하는 실제적 과업에 기여할 것이다.

실체화된 하나님

어떤 그리스도론은 역사적으로 하나님의 자기희생적인 사랑을 표현하기에 절대적으로 부적절한 것이 분명한데, 그 그리스도론은 예수의 삶에 중심적인, 사회에서 소외된 자들에 관한 관심을 표명하는 복음의 진의를 모호하게 만들기 때문이다. 여기에 해방과 자유의 신학들이 교정의 역할을 하는 데 중요하며, '비-절대주의' 그리스도론도 개념적으로 좀 더 열린 접근 방법을 지향한다. 하지만 동시에 그리스도교 신앙은 전통적으로 예수 그리스도의 삶뿐만 아니라, 하나님의 창조로서의 우주의 특성에 관한 독특한 차이를 드러내는 그의 죽음, 그리고 그 차이의 첫 번째 변형인 그의 부활을 통해서 효력이 있는 권위를 얻었다. 이것이 신앙이 물체의 외양이 아니라 하나님께 신뢰를 두고, 그리스도인들이 종종 일반의 의견에 반대해서 생각하고 행동할 준비가 되어 있는 전형적인 이유이다.

인권을 위한 그리스도론은 그리스도 안에 화해하는 끊없는 능력의 다양한 측면에 특별한 관심을 둔다. 예수와 관련된 사건들에서, 모든 인권을 남김 없이 거부당한 구체적인 한 인간에게서 실체화된 하나님을 본다. 인간의 고통에 동참하면서 하나님은 폭력의 힘을 사랑으로 전복시킨다. 이 일련의 사건들은 다른 신학적 범주들로 그려질 수 있는데, 특히 성육신과 영감으로, 그 신비를 이해하는 데 각각 기여한다.

성육신은, 때로는 다르게 혹은 중첩된 방식으로 이해되는데, 인간의 몸에 하나님께서 관여하는 실재를 드러낸다. 몸에 일어난 일들은 하나님께 중요한데, 그리스도교 신앙에 의하면, 하나님은 경험의 모든 범위에 걸쳐 인간적인 모습으로 함께하신다. 이 독특한 그리스도교적 인간 존재론에서 인간 존엄성의 보편적 개념의 근거를 찾을 수 있다. 인간은 하나님의 형상에 참여하며, 하나님께서 인권 침해의 피해자로서 인간에 참여하시기 때문이다.[1] 그리스도 사건이 가치의 핵심으로서의 하나님을 확증하는 것으로 이해되어 왔지만, 하나님의 목표는 인간의 번영에서 완성됨을 또한 의미한다. 성육신은 하나님의 사랑의 관점에서 볼 때, 모든 인간의 가치에 관한 하나님의 확증이다. 그것은 또한 좀 더 넓은 함의를 갖고 있는데, 창조된 전 세계의 회복을 촉진하기 때문이다.

성육신의 결과는 그리스도교 신앙공동체를 형성하는데, 복음의 전통을 따라 말씀과 성례를 통해서 하나님과 계속 연결되며, 선포된 말씀과 성찬에 참여한다. 교회가 내부 지향적이며 동시에 외부 지향적인 곳에서 성육신과 인간의 응답이 건설적인 관계를 형성하는데, 순전히 내부 지향적인 곳에서는 이 관계가 축소된다.

---

1) 그의 1978년 11월 26일 설교에서 오스카 로메로 주교는 "그리스도의 얼굴은 농장 노동자들의 바구니와 자루에 있다. 그리스도의 얼굴은 감옥에서 고문당하고 학대당하는 사람들 가운데 있다. 그리스도의 얼굴은 아무것도 먹을 것이 없는 어린아이들에게서 굶주리며 죽어가고 있다."고 말했다. Oscar Romero, quoted in Dennis et al., *Oscar Romero*, 35.

실체화된 신의 원형은 영감을 통해서 더 깊은 차원을 드러낸다. 부활의 결과는 창조질서 안에서 부활한 그리스도의 영이 임재하는 것이다. 성령은 성육신과 상충하지 않고 보충한다. 그리스도교 공동체 안에서 영은 항상 말씀과 성례의 초점이었다. 이 두 가지가 어떻게 정확히 연결되어 있는지가 끝없는 성례 논쟁의 주제였다. 여기서 중요한 점은 둘 사이의 내재적인 연결과 중요성이다.

2000년 동안의 그리스도교는 그리스도적인 영이(the spirit of Christlikeness) 그리스도교 공동체에 갇혀 있지 않았다는 것을 보여준다. 그리스도인들은 세속 영역에서, 개인의 삶에서, 사회적이고 정치적인 발전에서, 때로는 교회 안에서 때로는 외부로부터 교회에 주어지는 도전에서뿐만 아니라 다른 종교들에게서도 활동하는 신적 사랑을 경험했다. 인간이 사랑이나 동정을 통해 결과물을 낼 때마다 그리스도인들은 신적 행위에서 그리스도 형상의 자취에 대해 창조 질서 안에서 그리스도적인 영에 대해 감사를 드릴 수 있다. 이것이 예수 그리스도의 삶, 죽음, 그리고 부활의 역동적 사건이 만드는 구원 사역이다.

수치당하시고 또한 부활하신 그리스도와 그 인권 전반에 관한 관심 사이에 기본적인 유대가 있다. 그리스도교 신학은 인권을 위한 행동을 신적 사랑의 우주적 현존의 좀 더 넓고 신비로운 역동성과 동일시하지는 않지만, 그 안에 포함된 것으로 이해한다. 신앙은 이러한 근원적 기초를 주장하기 때문에, 현재 주어진 상황에서 아무리 가망성이 없다고 하더라도 소멸되지 않는 비전에 몰입함으로써 유익을 준다.

포용적인 협력

신앙은 항상 승리주의에 빠질 위험이 있다. 우리가 하나님 사랑을 이해하는 대로 반응하며 사랑을 실천한다는 이유로 우리가 반드시 신적인 행동의 행위자라고 말할 수 없다. 광기가 여기에 놓여 있다. 과거와 현재 그리스도인들의 자기-기만과 권력의 남용이 가져오는 비참한 결과들을 우리는 매우 분명하게 보아왔다. 이런 관점에서, 우리가 잠정적인 방법을 통해서 그리고 우리의 최대한 능력으로 그리스도 제자의 길을 따르기를 소망한다고 말할 수밖에 없다. 그러나 우리는 또한 다른 사람들의 행동에서 하나님 사랑의 현시를 발견하고, 이것을 사랑, 평화, 그리고 정의에 관한 하나님 목적의 미래를 촉진하는 거대한 자극으로 간주해야 한다.

전 장에서 보았듯이, 그리스도교 사상과 행동의 역사는 겸손을 요구하는 역사이다. 어떻게 그렇게 자주, 그렇게 많은 잘못을 저질러 올 수 있었단 말인가? 그래도 여전히 그리스도교 복음에 의해서 형성되고 더 많은 사람에 의해서 공유되는 거짓 없는 선한 일들이 쏟아져 나오고 있다. 이것들이 바로 신앙이 '성령의 열매들'로 이해해온 것들이다. 여기서 진보는 문화적이고 종교적인 우월성의 전통을 철저하게 포기하는 것을 포함한다. 한편으로는 그리스도교의 기여를 그것이 제공되던 서구 혹은 신식민주의 포장으로부터 구별하는 것이 중요하다. 다른 한편으로 인류 미래를 위한 서구 그리스도교 사고와 행위의 진정한 가치가 평가절하되거나 덜 중요한 것으로 취급되어야 할 필요는 없다. 그 심각한 단점과 편협한 관점에도 불구하고, 그리스도교 전통은 타자들과 협력을 도모하는 데 아주 유용한 유산이다.

어떤 경우에는 정의와 권리에 관한 분명한 그리스도교적 접근을 제시하는 게 필요할 것이다. 그러나 다른 경우에는 이러한 근거들이 철저하게 암시적인 것으로 남게 된다. 이것은 속임수나 망설임의 문제가 아니다. 사회에서 사랑의 행위는 종종 익명적으로 발생하며 이 익명성 때문에 더 효과적이다.

지속되는 비전

그리스도론적인 관점은 인권 문제를 다루는 데 긍정적인 가치와 부정적인 가치 모두를 가지고 있다. 긍정적인 차원에서 그리스도에 관한 묵상은 그리스도인들이 그들 스스로 그리고 타자들과 함께 인권 문제들의 다양한 영역들을 실제적으로 다루도록 권면한다. 개인의 자유, 고문, 정의, 그리고 기근이 그 예이다. 하지만 성서 전통이 권리—가장 눈에 띄는 것은 성별과 성적 지향성의 경우들이다.—를 금지하는 데 막대한 영향을 끼친 곳에서는 대부분 비

효과적이었다. 이 문제에서 우리가 방향을 잡기 위해서 성서 이외의 다른 부분들을 참조해야 할 것이다.

그러나 그리스도교는 역사적으로 변화와 발전의 가능성을 드러내 왔고(예를 들면, 노예제와 인종의 문제와 관련해서), 현재의 현상유지 상태가 지금부터 100년 동안 원칙으로 남을 것이라고 기대해서는 안 된다. 그리스도교 전통은 예수 그리스도와 관련된 사건이 드러내는 역동적 관계성과 타자들에 관한 존중을 고려할 때 과거에 대체로 실패했던 영역에서 중요한 기여를 할 가능성이 있다. 진심에서 우러나오는 참회의 정신으로 그 실패들을 비판적으로 대면함으로써 종교적이든 비종교적이든 다른 전통들이 그들의 부족한 점들을 받아들이고 적절한 태도와 행동의 변화를 도모하는 미래의 역할을 할 수 있다. 도날드 슈라이버(Donald Shriver)가 적절하게 우리에게 일깨워주듯이, "우리는 이웃들에게 심각한 악을 행하는 데 협력하기 쉬운 약점이 있다. 그리스도인들이 정치에 기여할 부분이 있다면 우리에 관한 이 진리는 그들 중 하나여야 한다."[2] 그러한 대화에서 배움으로써 그리스도교는 인권에 헌신하는 자신의 근거를 넓힐 것이다. 그리스도교는 교회 밖의 기구들과 함께 실제적인 영역들에서 일하면서 그리스도론적인 비전에

---

2) Donald W. Shriver Jr., "What Is Forgiveness in a Secular Political Form?," in *Forgiveness and Reconciliation: Religion, Public Policy, and Conflict Transformation*, ed. Raymond G. Helmick and Rodney L. Peterson(Philadelphia: Templeton Foundation, 2001), 162.

반응할 수 있다. 이런 방법으로 인권 실천은 세계 안에서 그리스도교가 가져오는 결과들의 하나로 보일 것이다.

지속성의 틀

인권 행동의 그리스도교적인 기여 – 특별히, 그리스도에 기초한 기여 – 는 몇몇 다른 차원으로 제시될 수 있다. 우선 관계성의 차원이 있다. 예수 그리스도는 관계성을 통한 존재로서 자신의 정체성을 드러낸다. 종종 관계성의 덕을 구체화하는 그리스도교의 헌신은 교회의 상황 안에서 가장 고통스럽게 시험받는다. 우리는 그리스도인들이 각각 현재 가장 민감한 사안에 서로 다른 견해들을 갖고 있고 우선성에서도 차이를 보이고 있음을 인정해야만 한다. 심각한 차이가 있는 곳에서, 주변부의 사람들을 희생하지 않으면서 상호 존중과 소통을 유지하도록 애써야 한다. 하나 기억해야 할 것은 한 그룹의 소외된 사람들에게 철저하게 비판적인 그리스도인들이 다른 그룹들에게는 대단히 협력적인 경우가 있다는 점이다. 우리는 교회가 궁핍에 처한 사람들에 반응할 능력을 약화시키는 불필요한 일, 즉 서로를 죽이는 다툼에 자원들을 낭비할 여력이 없다. 학대받는 그룹들을 각각 지원하는 것도 때가 되면 긍정하고 존중할 공동의 근거들을 인지하게 할 것이라는 희망을 가져도 될 것이다.

둘째, 인권이 위협을 당하고 있는 그룹들에게 특권을 주면서 타자들과의 연대를 통해서 반응해야만 한다. 그리스도는 문 밖에서, 내부자들(the magic circle) 밖에서, 십자가형을 당했다. 누구나 다른 시기에 여러 방법으로 소외되었다고 느낀다. 이런 관점에서 문제를 바라보도록 현실을 넘어선 상상을 하는 것은 가능하기도 하고 필요하기도 하다. 모든 주변화가 인권의 거부와 같은 것은 아니지만, 거부는 종종 그 다음 단계이다. 그리스도인들은 가장 곤궁한 사람들과 함께 연대해서 그들이 할 수 있는 모든 일을 해야 한다. 연대가 은밀한 방법이나 시끄러운 시위를 통해서 (혹은 둘의 조합으로) 이뤄져야 하는지는 구체적인 사안에서 가장 효과적인 해결 방법이 무엇인지에 달려 있다.

셋째, 내부자와 외부자 모두 가치 있는 경험과 통찰력을 가지고 있고, 이러한 자원들은 함께 할 때 가장 효과적이라는 것을 꼭 기억해야 한다. (고문, 기근, 인종 차별 등에 의해서) 억압당하는 사람들이 필요로 하는 가장 중요한 것 중 하나는, 대중의 비난에 직면해서 자기-존중의 느낌을 유지하는 것이다. 그 문제의 안팎에서 그리스도인들의 협력하는 노력을 필요로 한다. 예를 들면, 여성들만이 가부장적 태도와 관행의 지독한 영향력을 충분히 이해할 수 있지만, 남자들도 그 문제에 뛰어드는 위험을 감수하면서 그들 자신이 세우고 유지해온 장벽들을 허무는 일을 착수해야 할 것이다.

화해와 용서

우리는 그리스도를 자기희생의, 밖으로 향하는 하나님의 사랑의 형상으로 특징지었다. 개인과 사회, 인간관계에서 이것은 화해를 촉진하는 능력으로 표현된다. 화해는 인권 침해가 수반하는 상처 입은 관계를 인식하며, 회복, 복권, 그리고 용서를 촉진한다. 화해는 위로부터 강요될 수 없고 그 형태는 일방적으로 결정될 수 없다. 화해는 잘못에 대한 인정과 더불어서 그 화해의 토대를 마련하는 긴 인내 과정이 필요하다. 대주교 데스몬드 투투(Desmond Tutu)가 『용서없이 미래없다』에서 지적한 것처럼, "용서와 화해됨은 있는 그대로의 현실을 다른 것으로 속이는 것이 아니다."[3] 화해에 관한 그리스도교의 이해가 반드시 항상 '그리스도교적인' 결과를 가져오는 것은 아니다. 그리스도교적 화해는 그리스도를 믿는 신앙을 통해서 이뤄지고 하나님의 사랑을 반영하는 **인간**의 화해로 이해될 수 있다.

용서는 우선 권리를 부정해온 사람들에게 적합한 개념은 아니다. 차별받는 사람들이 느끼는 인권 침해는 그들이 처해 있는 곤란한 상황으로부터 나온 것으로 인식되어야 하며 동등한 협력을 위한 새로운 토대가 마련되어야 한다. 그러나 여기에서도 화해의

---

3) Desmond Tutu, *No Future without Forgiveness*(New York: Doubleday, 1999), 270.

중요한 역할이 있을 수 있다. 권리를 위한 투쟁은 양쪽 모두에게서 종종 예기치 않은 피해자를 낳을 수 있다. 남아프리카공화국에서처럼 만연하고 제도화되는 불의 하에서는 화해와 용서의 가능성이 거의 발견되지 않는다.

화해는 해결하기 어려운 갈등에서 동시에 혹은 즉각적으로 일어나지 않는다. 화해는 일반적인 것에서부터 작고 구체적인 것에 이르는 다양한 차원에서의 행동을 필요로 하며, 비현실적인 보편성에 고립되거나 작은 일에 의해서 현혹되지 않는 축적된 전략이 필요하다. 용서와 화해의 용어는 조작될 수 있다. 그러나 동정심과 연결된 용서의 깨달음은 사회에서 인권의 열매를 얻는 복잡한 협상에 아주 중요한 가치가 있는 그리스도교적 기여이다. 용서는 관대함의 차원을 여는 데 해결하기 힘든 문제들을 진척시키는 데 촉매제 역할을 한다.

인권을 위한 그리스도론

본 장은 보편 인권의 개념과 요구와 조화되는 그리스도론 ― 인권을 위한 그리스도론 ― 의 윤곽을 그리려고 시도했다. 그러나 인권은 그리스도교 신학의 내용을 포괄할 수 없다. 여기서 기억해야 할 것은 인권사상이 그 의도에서 최소주의적이며, 도덕적인 새로운 시도에서 천장보다는 바닥을 의미한다는 것이다. 인권이 실제로 실현된 세상이, 지금 우리가 살고 있는 세상보다는 그 이상에 더 가까운 것임이 틀림없지만, 그 자체로 하나님의 나라를 형성하는 것은 아니다.

그리스도인들은 예수 그리스도가 인간을 위한 하나님의 목적에서 필수불가결하고 결정적인 역할을 담당한다고 믿는다. 하지만 그리스도의 중요성의 본질에 관한 합의는 없다. 신앙의 중요 구성 요소를 이해하는 것은 신학이 이뤄지고 신학을 비추는 역할을 하는 정치적이고 사회적인 상황에 의해서 그리고 지역적 신학의 문화와 개념들에 의해서 영향을 받는다. 해석의 다양성은 그래서 적절하고 그리스도교 전통에 담겨 있는 의미의 풍부함을 증명한다. 만약 이 그리스도론들이 인간 존엄성을 위한 지구적 투쟁에 기여한다면, 신적 실재의 자기헌신과 자기부인의 본성이 인간관계의 모범으로 설명하는 하나님 사랑에 관한 그리스도교적 이해의 본질을 소중히 보호해야 한다. 이러한 넓은 경계 안에서 개인들과 공동체들은 그들 자신의 방법으로 기여할 수 있도록 자유로워야 하며 하나의 방법이 유일하게 정당한 방법으로 이해되어서는 안 된다.

후기 바르트의 그리스도교와 문화의 관계가 제시하는 것처럼, 모든 집을 십자가 형태로 만드는 것은 바람직하지 않다. 그러나 인간의 능력을 훈련할 가능성과 인간성을 고양하는 방법으로, 정당하고 공정한 삶을 좀 더 풍성하게 하겠다는 예수 그리스도의 약속과 조화로운 방법으로 공동체를 형성하는 것은 가능하다.

후기
▼
인권운동으로의 초대

인권의 요구는 우리 모두에게 주어진 요청이며, 그 권리들의 실현을 위해서는 '인권의 문화'를 발전시키고 유지해야 한다. 이것은 우리의 장소, 상황, 혹은 배경과 관련 없이 우리 각자가 기여해야 할 일들이다. 기회는 많다. 도전은 인간 존엄성을 위한 지구적 운동(struggle)에서 방관자가 아닌 참여자로 옮겨가도록 요청한다. 결론으로 우리는 효과적인 행동을 위한 다음의 열 가지 제안을 제시한다.

1. 국제적으로 사고하라. 우리의 지구는 상호 연결성이 계속 증가하는 세상이다. 한 편에서 발생한 일은 다른 편에 있는 사람들에게 영향을 끼친다. 정보를 습득하라. 자신의 나라뿐만 아니라 다른 나라들에서 일어나는 일들에 관해서 견문을 넓히라. 한

지역에서의 인권 부정은 모든 지역에서 물의를 일으킨다.
2. 지역적으로 행동하라. 당신이 있는 곳에서, 당신을 가장 필요로 하는 곳에서 시작하라. 곤란한 질문들을 던지라. 당신의 국가에서 선출된 의원들에 의한 (그리고 궁극적으로는 유권자로서의 당신에 의한) 선택들이 (가난한) 다른 나라들에 어떤 영향을 미치는가? 당신은 당신의 돈을 어디에 쓰고 투자하는가? 당신의 음식과 의복은 어디에서 오는가?
3. 문화적이고 국가적인 제국주의의 오만을 피하도록 노력하라. 인권 옹호는 문제가 되는 문화 내부에서 시작될 때 가장 효과적이고 그 결과가 가장 오래 지속된다. 문화적인 변화를 유도하려는 외부자들의 노력은 좋은 취지라고 하더라도 좀처럼 받아들여지지 않는다.
4. 다른 사람들과 협력하면서 일하라. 당신은 혼자가 아니라는 것을 기억하라. 국가가 반드시 해야 하는 정치적이고 외교적인 행위들을 제외하면, 인권은 인도주의적 기구나 옹호 네트워크의 노력을 통해서 이뤄진다. 당신의 학교에서, 교회에서, 혹은 사는 근처에서 인권 모임에 참여(혹은 시작)하라. 당신의 공동체 안에서 인권 문제에 대한 인식을 높이도록 노력하라.
5. 인권운동은 변화를 일으킬 수 있다는 확신을 가지라. 인권운동의 효력에 대한 확신은 우리가 속해 있는 전통 — 우리가 그 전통에서 부적절한 점들이 많음을 인정하고 또한 해결하려고 시도하면서도 그 전통은 보편적 인간 존엄성을 지지할 가능성이

있기 때문에 – 에 대한 신앙을 유지하게 한다. 그리스도인들에게, 더욱이 인권에 관한 확신은 인류를 위한 하나님의 자기희생적 사랑을 믿는 신앙에 기초를 둘 수 있다.

6. 희망을 살아 있게 하라. 우리가 심각한 고통과 끔찍한 악과 대면하게 될 때, 단념, 냉소, 그리고 절망에 굴복하기가 쉽다. 다른 사람들의 예를 보고 용기를 가지며, (순진한 낙관주의와는 구별되는) 희망의 덕을 기르라.

7. 평화와 화해를 연습하라. 세계적인 악에 의해 실망하지 마라. 희생자들을 도우라. 그러나 억압자들을 악마화하거나 보복과 징의를 혼동하지 말라.

8. 당신의 (종교적) 전통이 제공하는 도덕적이고 지식적 자원들을 포함한 가용한 자원들을 최대한 이용하라.

9. 참고 견디라. 적합한 시간계획, 자원, 그리고 의지력이 없는 계획은 거의 불가피하게 실패하고 이전보다 더 열악한 상황에서 그 문제들을 다루도록 남겨놓을 수 있다. 이 점은 거대규모의 정치적 개입과 소규모의 노력에도 똑같이 적용된다.

10. 가장 중요한 문제가 무엇인지에 관해서 집중하라. 당신이 어느 특정한 목표, 전략, 혹은 이론에 사로잡혀서 인권운동이 도움을 줄 개인들의 필요를 무시하지 않도록 하라.

역자 후기

리차드 에임즈베리 교수와 조지 뉴랜즈 교수의 『신앙과 인권』은 신앙과 인권에 관한 깊이 있는 대화가 있는 책이다. 그리스도교는 한국 사회가 민주주의 측면에서 성숙하는 데 긍정적인 영향을 끼쳐왔기에 그리스도교 신앙을 가진 많은 독자에게 인권은 신앙의 당연한 귀결로 생각될 수 있다. 반면에, 종교가 인권을 침해한다고 생각하는 사람들에게 인권은 신앙과 관련이 없는 것으로 생각할 수 있다. 이 책은 이 두 부류의 독자들에게 신앙과 인권이 어떻게 상호 연관되어 있고 대척점에 설 가능성이 있는지를 자세하게 설명해준다. 특별히 신앙이 성숙하면 당연히 인권 문제가 해결되는 것으로 착각하는 그리스도인들에게 깊은 깨달음을 줄 수 있는 책이다.

그리스도교는 역사 속에서 약자에 관심을 갖고 그들을 돌봐준 분명한 자취들이 있기 때문에 많은 그리스도인에게 굳이 인권 논의를 할 필요가 없다고 생각할 수 있다. 약자에 대한 배려와 관심을 그리스도교가 보여 왔지만 동시에 여자들과 약자들을 괴롭히고, 그들에게 가하는 폭력에 대해서 침묵한 것도 사실이다. 심지어 종교개혁가 마르틴 루터는 농민전쟁 중에 농민들을 그리스도인이 아닌 자들로 규정하며 영주들의 농민 학살을 정당화하기까지 했다. 이런 이유 때문에 그리스도교는 자체의 제어할 수 없는 폭력성을 통제하기 위해서 인권 논의가 불가피하다. 이 부분이 이 책에서 잘 다뤄지고 있다.

우리나라의 현실은 어떠한가? 우리가 살아가고 있는 현실에서 여전히 인권은 심각하게 침해되고 있는 것을 본다. 특별히 세월호 사건, 군대 내 폭력, 이주노동자와 이주결혼 여성들에 대한 차별과 배척이 만연해 있다. 인권이 무시되고 거부당하는 현실을 외면한 채 그리스도교가 계속 살아남는다면 그리스도교는 그 가장 기본적인 핵심을 잃어버린 것이라고 에임즈베리 교수는 강조한다. 인간은 하나님께서 자기를 비우시며 성육신하신 장이기 때문에, 인간은 그 누구를 막론하고 존엄성을 존중받아야 할 존재이다.

신앙과 인권을 이야기하다 보면 성서 이야기를 빼놓을 수 없다. 성서는 인권을 옹호하는 구절로도 많이 이용된다. 특별히 예수 그리스도의 가르침은 인권을 옹호하는 데 상당히 중요한 자료들이다. 구약성서에도 인권의 바탕이 되는 자료들을 많이 발견할 수 있다. 동시에 성서는 테러와 폭력의 본문들도 상당히 많다. 그 본문들 때문에 그리스도교 역사에서 폭력이 정당화되기도 했다. 안타깝게도 현재 그리스도교를 포함한 많은 종교에서 극단주의가 그 위세를 얻고 있다. 인권을 증진하는 방향이 아니라, 인권을 묵살하는 방향으로 전개되고 있는 현실에서 인권의 보편성을 확대하기 위해 좀 더 설득적이고 대화적인 방법이 필요함을 깨닫게 된다.

그리스도론에 기초한 인권을 이야기하면서 『신앙과 인권』은 그리스도인들에게 겸손한 신앙을 요청한다. 절대 권력이 절대 타락하는 것처럼 진리를 독점했다고 생각했을 때 그 폭력성이 극대화된다. 역사 속의 그리스도교는 그것을 우리에게 숨김없이 보여주고 있다. 겸손한 신앙은 대화와 설득의 신앙이다. 이 신앙의 여정은 성 아우구스투스도 이미 오래 전에 강조했던 자세이기도 하다. 우리가 만나는 사람들이 지니고 있는 인간의 존엄성을 고려할 때, 인권은 보호되고 증진되어야 한다. 그것을 위해서 그리스도인의 신앙은 다른 종교인들과 신앙을 갖지 않는 사람들과 함께 협력하며 대화와 설득을 지속하는 일이 중요함을 저자는 반복해서 강조한다. 이 책은 그 대화와 설득의 그리스도교적 기초를 잘 제시해주고 있다.

2014년 8월 9일
거북골 연구실에서
곽호철

찾아보기

ㄱ

경제적·사회적·문화적 권리에 관한 국제규약(International Covenant on Economic, Social, and Cultural Rights) / 58, 59, 60
고문(torture) / 20, 58, 61, 101, 106, 109, 135, 138, 141
국제 형사 재판소(International Criminal Court) / 64
국제사면위원회(Amnesty International) / 64-65
권리(rights) / 15, 19, 48-63, 64, 65, 66, 68, 69, 71, 77, 79, 80, 82, 94, 95, 96, 97, 98, 99, 103, 104, 107, 108, 112, 114, 117, 118, 119, 122, 138, 142, 143, 145
권리 개념(concept of rights) / 49-52
권리와 의무(concept of obligations) / 48-53, 75, 82, 91, 99, 106, 119
그란데, 루틸리오(Grande, Rutilio) / 31, 32, 32, 41, 43
그리스도교(Christianity) / 12, 19, 20, 35, 36, 40, 81, 112
그리스도론(Christology) / 21, 42, 114, 119, 122-126, 128, 131-134, 138-139, 143-144
근본주의(fundamentalism) / 130

ㄴ

남아프리카(South Africa) / 11, 12, 57, 143
노예제(slavery) / 101, 116, 123, 124, 128, 129, 139
놀, 마크(Noll, Mark) / 123
놀드, 프레드(Nolde, Fred) / 126
니사의 그레고리(Gregory of Nyssa) / 116

ㄷ

달라이 라마(Dalai Lama) / 108
도널리, 잭(Donnelly, Jack) / 93, 95
도덕적, 도덕성(morality) / 11, 13-16, 18, 33, 42, 48, 51, 56, 57, 58, 61,
   64, 66, 67, 69, 70, 71, 74-79, 81, 82, 85, 87, 89, 91, 92, 93, 94, 96-
   103, 105, 109, 110, 111, 117, 118, 129, 143, 147
도덕적 구성주의(moral constructivism) / 88, 89, 91
도덕적 객관주의(moral objectivism) / 87-88, 91, 92
도덕적 상대주의(moral relativism) / 87-88
두아우부이쏜, 로베르토(D'Aubuisson, Roberto) / 44
드월킨, 로날드(Dworkin, Ronald) / 72, 73, 76

ㄹ

라너, 칼(Rahner, Karl) / 126
라스 카사스, 바돌로메(Las Casas, Bartolome de) / 122
라칭거, 요제프(교황 베네딕트 16세)(Ratzinger, Joseph Benedict XVI) / 41
락탄티우스(Lactantius) / 116
랭안, 존(Langan, John) / 35-36, 39

로메로, 오스카(Romero, Oscar) / 16, 17, 25, 26, 27, 29-34, 38-47
롤즈, 존(Rawls, John) / 79, 99
루즈벨트 엘리노어(Roosevelt, Eleanor) / 57, 126
루즈벨트, 프랭클린 델라노(Roosevelt, Franklin Delano) / 57
루터, 마르틴(Luther, Martin) / 119, 121
리츨, 알브레히트(Ritschl, Albrecht) / 123

ㅁ

매킨타이어, 알라스데어(MacIntyre, Alasdair) / 18, 65, 66, 70, 19
미국(United States) / 16, 29, 30, 36, 39, 44, 52, 57, 59, 64, 96, 106

ㅂ

바르트, 칼(Barth, Karl) / 124-125, 144
반유대주의(anti-Semitism) / 120, 129
보프, 레오나르도(Boff, Leonardo) / 41
본회퍼, 디트리히(Bonhoeffer, Dietrich) / 125
불교(Buddhism) / 19, 104, 107-108
빈곤(가난)(poverty) / 32, 33, 37, 39, 40, 42, 45, 46, 53, 116, 118, 146

ㅅ

성, 성별(gender) / 168, 80, 138
성서(Bible) / 12, 27, 34, 36-38, 116, 119, 123-124, 128-130, 138, 139, 150
성육신(incarnation) / 132, 135-136
세계교회협의회(World Council of Churches) / 127

찾아보기 155

세계인권선언(Universal Declaration of Human Rights) / 11, 56-59, 68, 69, 93, 126, 127
소브리노, 존(Sobrino, Jon) / 32, 41, 42
슈라이버, 도날드(Shriver, Donald) / 139
슐라이어마허, 프리드리히(Schleiermacher, Friedrich) / 123
스미스, 윌프레드 캔트웰(Smith, Wilfred Cantwell) / 13
스타웃, 제프리(Stout, Jeffrey) / 54, 82
스택하우스, 맥스(Stackhouse, Max) / 129
스힐레벡스, 에드워드(Schillebeeckx, Edward) / 126
시민적·정치적 권리에 관한 국제규약(International Covenant on Civil and Political Rights) / 58, 59, 60
신학(theology) / 15, 20, 21, 27, 37, 40-42, 103, 104, 111, 114, 118-131, 132-134, 136, 143-144
해방신학(liberation) / 37, 40-42, 127-128

ㅇ

아웅 산 수키(Aung San Suu Kyi) / 108
아퀴나스, 토마스(Aquinas, Thomas) / 117, 122
안나임, 아둘라히 아메드(Addullahi Ahmed An-Na'im) / 22, 68, 69, 89, 105
엘살바도르(El Salvador) / 16, 22, 28, 29, 30, 31, 33, 39, 44, 45, 46
여성(women) / 53, 60, 127, 129, 130, 141, 150
영감(inspiration) / 130, 134, 136
예수(Jesus) / 22, 41, 113, 114, 120, 124, 129, 134, 136, 139, 140, 144
용서(forgiveness) / 44, 95, 142-143
워드, 케이스(Ward, Keith) / 108
유대교, 유대주의(Judaism) / 19, 104, 106, 107, 109, 120, 121, 125

유대인 대학살, 홀로코스트(Holocaust/Shoah) / 18, 56
유엔(United Nations) / 11, 57, 58, 63, 69, 127
윤리, 윤리학(ethics) / 33, 77, 102, 104, 106, 107, 114, 122
이그나티에프, 마이클(Ignatieff, Michael) / 15
이슬람(Islam) / 19, 104, 105, 121, 129
인권(human rights): 인권의 개념(concept of idea) / 6, 7, 11, 14-21, 27, 32, 33, 35, 40, 42, 45, 46, 48, 49, 52-56, 59-69, 80, 81, 82, 84, 85, 86, 88, 89, 90, 93-110, 112, 113, 116, 124, 127-131
인권의 정당화(justification of human rights) / 18, 19, 69, 86, 95, 98-101, 104
인권법(law of human rights) / 58, 59, 62, 63
인종(race) / 12, 18, 53, 68, 75, 80, 95, 127, 129, 139, 141
인종학살(genocide) / 57, 64, 101, 107, 128

ㅈ

제2차 바티칸 공의회(Second Vatican Council) / 37
제2차 세계대전(Second World War) / 18, 31, 56
존엄성(dignity) / 11, 14, 17, 18-22, 26-27, 41, 54, 56, 66, 68, 69, 72-74, 76, 80-83, 93-98, 100-110, 112, 115, 117, 122, 124, 126, 132, 133, 135, 144-146, 150
종교(religion) / 11-16, 19, 27, 38, 41, 53, 57, 58, 68, 72, 75, 80, 81, 83-87, 89, 94, 95, 98, 99, 100, 101, 103, 104, 105, 108, 109, 110, 111, 113, 114, 116, 121, 123, 131, 133, 136, 137, 139, 147

ㅋ

칼뱅, 존(Calvin, John) / 119, 120

키온, 다미엔(Keown, Damien) / 108

ㅌ

테일러, 찰스(Taylor, Charles) / 74, 78
투투, 데스몬드(Tutu, Desmond) / 11, 12, 13, 142
티어니, 브라이언(Tierney, Brian) / 54, 117

ㅍ

페리, 마이클(Perry, Michael J.) / 72-74, 76, 80, 81, 100, 129

ㅎ

하나님(God) / 17, 18, 20, 21, 26, 27, 32, 34, 35, 37, 41, 42, 79, 82, 106, 113, 114, 117, 118, 119, 122, 124, 132, 133, 134, 135, 137, 144, 150
하나님의 형상 / 79, 106, 117, 124, 135
하나님의 사랑 / 21, 34, 124, 133, 135, 137, 142, 144, 147
헨킨, 루이스(Henkin, Louis) / 19, 85-87, 89, 99-102, 100, 101, 110
화해(reconciliation) / 92, 134, 142-43, 147

지은이 | 리차드 에임즈베리(Richard Amesbury)

주 저자인 리차드 에임즈베리는 하버드 대학 학부를 졸업하고 영국 옥스퍼드 대학에서 석사를 한 후, 클레어몬트 대학원에서 박사학위를 받았다. 버지니아 대학 학부 교수, 클레어몬트 대학원에서 기독교 윤리학 교수를 거쳐 현재는 스위스 취리히 대학의 신학 윤리 교수이며, 사회 윤리학 연구소 소장이다.

조지 뉴랜즈(George M. Newlands)

조지 뉴랜즈는 현재 글라스고 대학의 명예 교수로 있는 존경받는 학자이다. 에딘버그 대학 학부를 졸업하고, 케임브리지 대학에서 석사학위를 받았다. 에딘버그 대학에서 석사, 박사학위를 받았으며, 25년간 글라스고 대학에서 가르쳤다. 그리고 신학 분야의 권위 있는 여러 학회의 의장을 역임했다. 주요 저서로는, *Theology of the Love of God*(1980), *God in Christian Perspective*(1994), *The Transformative Imagination*(2004), 그리고 *Christ and Human Rights*(2006)가 있다.

옮긴이 | 곽호철

연세대학교 신과대학과 동대학원을 졸업하고, 클레어몬트 대학원에서 신학, 윤리, 문화 분야로 박사학위를 받았다. 연세대학교 학부와 대학원, 명지대학교 학부와 대학원에 출강하며, 현재 명지대학교 교목 겸 방목기초대학 객원조교수로 기독교 교양 과목을 가르치고, 신앙과 인권에 관한 강의와 연구를 하고 있다.

박사학위 논문은 "타중의 윤리, 사회적 인간론, 그리고 사회적 다문화주의"를 썼으며, 발표 논문으로는 "물 위기와 정의의 결핍에 대한 생태윤리적 이해"가 있고, 출간 논문으로는 "리바이어던의 목에 방울 달기", "Making John Rawls' Political Liberalism Political and Its Implications for Religion", "Solidarity of Marriage Migrant Women and Their Husbands based on Christian Theology" 등이 있다.